영화로
이해하는
심리상담

—

영화 〈굿윌헌팅〉을
중심으로

—

박소진

박영
story

시작하는 글

　천재적인 두뇌를 타고 났지만, 불우한 환경으로 인해 자신의 꿈을 펼치지 못한 채 청소부로 하루 하루 살아가는 한 청년이 있다. 일을 마치고 나면 친구들과 어울려 다니면서 때로는 패싸움을 하기도 하고 크고 작은 법적 문제를 일으키고 다니는 그의 심리 이면에는 펼쳐보지 못한 꿈의 좌절로 인한 분노가 내재되어 있었다. 그러던 어느 날, MIT 공대 수학 교수의 눈에 뜨이게 되고 그의 인생에도 한 줄기 빛이 드는 것 같다. 그가 저지른 잘못을 교수가 무마하는 대가로 상담을 받고 일정 부분 수학 교수의 일을 돕는 것에 합의하고 그는 상담을 받기 시작한다. 그러나 어려서부터 심한 학대를 받았던 그에게 인간에 대한 신뢰가 있을리 만무하다. 처음에는 상담자를 조롱하며 진지하게 임하지 않았지만, 숀이라는 상담자의 수용적이고 공감적인 태도에 점점 그의 태도도 변화하기 시작한다.

　어떤 남자는 자살시도가 실패하자 스스로 정신과에 입원한다. 입원을 통해 자신의 문제를 해결하고자 했지만, 담당 정신과 의사는 자신의 이야기에 귀 기울여주지 않고 무심한 태도에 실망스럽기만 하다. 그러던 그가 자신과 같은 방에 있는 동료 환자와 이야기를 나누다 스스로 훌륭한 상담가가 되기로 마음먹고 퇴원후 의대에 진학한다. 첫 번째 이야기는 영화 <굿 윌 헌팅>[1]의 이야기이고 두 번째는 영화 <패치 아담스>[2]의 이야기이다. 상담 받는다고 뭐가 달라지겠는가라고 생각할 수도 있지만, 상담을 통해 한 인간의 인생이 달라질 수 있다. 중요한 것은 스스로 변화하고자 하는 자발적인 의지가 있어야하고 긍정적인 변화를 이끌도록 돕는 전문성과 자질을 갖춘 훌륭한 상담가를 만나야 한다는 것이다.

　그렇다면 훌륭한 상담자는 어떻게 만들어지는가? 상담자가 갖추어야 할 최소한의 조건은 무엇이며 어떤 노력을 기울여야 하는 것일까?

　또 다른 이야기를 해보자. 일주일 전 이혼을 한 여자가 있다. 매력적이고 능력이 있는 이 여성은 9년간의 결혼 생활을 정리하고 남은 것이 없다고 느끼고 있었고 아이를 낳지 못한 것에 대해 후회를 하며 앞으로 살아갈 나날들에 대해 막연한 두려움을 갖고 있었다. 그

---

1) 굿 윌 헌팅Good Will Hunting(1997) (감독) 구스 반 산트/ (주연) 맷 데이먼, 로빈 윌리엄스, 벤 애플렉.

2) 패치 아담스Patch Adams(1998) (감독) 톰 새디악/ (주연) 모니카 포터, 로빈 윌리엄스.

녀가 찾아간 상담전문가는 그녀를 다독이며 새로운 삶을 살 것을 권
유한다.

그러던 어느 날 이 여성은 우연한 기회에 한 남자를 만난다. 그런
데 그녀가 만나는 남자가 자신보다 무려 14살이나 어린 20대 초반의
순수한 청년이다. 연애경험도 거의 없다. 남자의 나이가 너무 어리
다는 것이 신경쓰이지만 이런 그녀의 변화를 상담자는 진심으로 축
하하고 격려한다. 인생을 즐기라며... 그러나 이 두 사람은 자신들에
게 어떤 일이 닥칠 것인지를 전혀 예상하지 못한다. 사실은 그녀가
만나고 있는 남자가 상담사의 아들이었던 것이다. 상담자는 아들에
게 여자가 생긴 것을 알게 되고 그 여자가 연상이며 자신이 상담하고
있는 내담자라는 사실을 뒤늦게 알고 충격에 빠진다.

당신이 이 상담가라면 어떻게 할 것인가? 이 이야기는 영화 <프
라임 러브>[3]의 내용이다. 이런 사실을 알고도 여전히 평정심을 갖
고 객관적으로 내담자를 수용할 수 있을까?

상담이란 무엇이고 상담가란 어떤 사람이어야한다는 것에 대해
서 잘 아는 전문가라 할지라도 이런 상황이 닥친다면 명쾌한 답을
할 수 없고 당황스러울 것이다. 상담가도 그저 한 인간에 불과하기
때문에 순간 순간 곤혹스러워하거나 당황할 수 있고 잘 못된 선택을

---

[3] 프라임 러브 Prime(2005) (감독) 벤 영거/(출연) 우마 서
먼, 메릴 스트립, 브라이언 그린버그, 존 아브라함스.

할 수도 있다. 그러나 실수를 통해 인간은 성숙해지고 그건 상담가 도 마찬가지다. 그런 의미에서 영화를 통해 이런 상황들에 대해 생 각할 기회를 갖는다는 것은 의미가 있다. 우리는 이런 인간적인 예, 우리가 감동적으로 보았던 영화를 통해서 살펴보고 때론 묵은 감정 을 해소하기도 하고 주인공들의 심리에 공감하고 때론 스스로를 돌 아보고 통찰하며 많은 것을 배울 수 있다. 이것이 바로 영화가 가진 미덕이다.

앞으로 본서에서는 이런 작업을 하고자 한다. 영화를 통해서 영 화가 가진 여러 장점들을 활용해서 상담현장에서 적용할 수 있는 방 법을 모색함으로써 상담과정을 보다 친숙하고 생생하게 이해하도 록 도울 것이다. 이 책이 쓰여진 목적은 바로 그것이기 때문이다.

본서에서는 영화를 통해 상담자의 태도, 상담의 기술과 기법 등 을 살펴보고 현장에서 활용할 수 있도록 구성하였다. 본서가 상담 을 시작하고자 하는 초심자나 상담에 관심이 있는 많은 사람들에게 조금이라도 일조할 수 있기를 기대해본다.

2018년 4월 서초동에서

차 례

PART 01
상담의 개념

"신기한 역설은 내가 있는 그대로의
나를 수용할 때 내가 변화한다는 것이다"

−로저스(C. Rogers)

본 장에서는 영화 <굿 윌 헌팅>의 주인공
월과 샘을 통해 상담의 진행과정과 상담의 정의에 대해 살펴보고자 한다.
먼저 불운한 천재의 이야기를 들어보자.

01

영화소개
〈굿 윌 헌팅〉

굿 월 헌팅(Good Will Hunting)

감독: 구스 반 산트
출연: 맷 데이먼, 로빈 윌리엄스, 벤 애플렉

모든 분야에 재능이 있는 '윌'(맷 데이먼)은 천재적인 두뇌를 가지고 있지만 어린 시절 학대를 받으며 불우한 시절을 보낸 탓에 자신의 능력을 펼치지 못한 채 세상을 원망하며 피해의식에 사로잡혀 살아간다. 그러면서 크고 작은 법적인 문제를 일으키며 MIT 대학의 청소부로 일하고 있던 중 어느날 '윌'의 재능을 알아본 MIT 수학 교수 램보가 대학 동기인 심리학 교수 '숀'(로빈 윌리엄스)에게 그를 부탁하게 되면서 '윌'은 '숀'과 함께 시간을 보낼수록 상처를 위로받으며 조금씩 변화하기 시작한다.

이 영화는 1997년도에 제작되었지만 나는 비교적 최근에 영화 속 인물들의 심리에 관한 영상 컨텐츠 원고를 쓰면서 접하게 되었다. 남들 다 하는 것엔 별로 흥미를 못 느끼는 성격인데다가 '감동과 교훈'을 주는 뻔한 영화라 생각했기에 무심히 흘려버린 영화였다. 그렇게 20년이라는 세월이 지나 영화를 보게 된 것이 아쉬울 정도

〈굿 윌 헌팅〉의 주요 등장인물

맷 데이먼 Matt Damon　　로빈 윌리엄스 Robin Williams　　벤 애플렉 Ben Affleck
윌 헌팅 역(주인공)　　　손 맥과이어 역　　　처키 설리반 역(윌의 친구)
　　　　　　　　　　　(정신과 의사)

스텔란 스카스가드　　　미니 드라이버
Stellan Skarsgard　　Minnie Driver 스카일라 역
제랄드 램보 역　　　　(윌의 여자친구)

로 영화는 기대보다 좋았고 감동적이었다. 스토리는 진부하지 않았
고 배우들의 연기는 인상적이었으며, 20
대의 맷 데이먼과 이제는 고인이 된 로빈
윌리엄스의 옛 모습이 묘한 감정을 불러
일으켰다. 특히, 로빈 윌리엄스의 따뜻한
눈빛은 상담가로서 정말 닮고 싶은 부분
이었다. 그러면 영화 속으로 한번 들어가
보자.

손(로빈윌리엄스)의 사진

월맷 데이먼은 MIT에서 청소부로 일하며 하루 하루 살아가는 이십대 초반의 젊은이다. 같은 또래의 학생들이 대학에서 열심히 공부하고 수업을 들을 시간에 그는 학교 화장실과 복도 청소를 한다. 무심한 듯 보이지만 힐끔힐끔 학생들을 바라보는 그의 눈빛에서 그들에 대한 부러움과 동경, 좌절감 등이 녹아있다. 그러는 한편, 그는 집에 혼자 있을 때는 여러 분야의 책들을 읽으며 독학으로 다양한 분야의 지식을 섭렵한다. 그러나 그의 일상은 친구들과 어울려 다니며 동네 양아치들과 싸움을 벌이기도 하고 크고 작은 일들로 법정을 오가는 일이다. 그러던 중 그는 유명 수학교수 램보가 낸 수학 문제를 풀게 되고 이로 인해 램보의 주목을 받게 된다.

동네 양아치들과 싸우는 윌

청소하다가 수학문제를 발견한 윌

청소하다가 수학문제를 발견한 윌

램보가 학교 복도 칠판에 낸 문제를 푸는 윌

램보는 윌이 폭행혐의로 어려움에 처한 사실을 알게 되고 자신이 윌을 돕는 대가로 자신의 수학 문제를 풀 것과 정신과 상담을 받을 것을 제안한다.

\# 윌에게 제안하는 램보   \# 램보의 과제를 돕는 윌

별 다른 대안이 없었던 윌은 어쩔 수 없이 그의 제안을 받아들이기는 했지만 마음이 내키지 않는다. 상담만은 하고 싶지 않았던 윌은 자신의 뛰어난 지능과 지식을 무기삼아 상담가들을 망신줌으로써 번번히 상담을 종료시킨다. 고민 끝에 램보는 자신의 오랜 친구이면서도 불편한 관계에 있었던 숀에게 윌을 부탁한다. 그러나 숀에게도 윌이 호의적일 리 없다. 그런 상황을 간파한 램보는 내키지 않는다면 상담을 하지 않아도 된다고 말한다. 그러나 어떤 이유인지 숀은 윌을 상담하기로 한다.

\# MIT 대학 교정 내 호수가   \# 말하고 있는 숀과 듣고 있는 윌

호수가

숀이 호수가 보이는 벤치에 앉아 있다. 그런 그를 발견하고 윌이 다가간다. 숀이 윌을 그리로 불러 낸 것이다.

"이건 또 무슨 상황이죠? 백조 좋아해요? 혹시 자신만의 패티시4) 같은 거라도..."

윌의 반응에 아랑곳하지 않고 숀이 자신의 아내가 죽어가는 과정과 그 과정속에서 상실의 고통에 대해서 이야기한다.

"네가 누구인지 말해야 해. 그렇게 한다면 나도 너에게 관심을 가져주마. 그렇지만 너는 그렇게 하고 싶지 않지? 네가 무슨 말을 할지 두려운 거지? 네가 선택해!"

숀은 윌을 남겨 놓고 떠나버린다. 생각에 잠긴 듯한 윌의 표정클로즈업되면서 화면전환.

---

4) 성적 감정을 불러일으키는 물건. ex. 구두, 장갑 따위.

\# 호수에서 숀의 제안을 듣고 생각에 잠긴듯한 윌

　짧지만 강렬하게 마음 속을 파고 드는 숀의 말에 윌은 상담을 지속하기로 결심한다. 그러나 상담에 온 윌은 아무말도 하지 않는다. 그는 침묵으로 일관한다.

　이럴 때 상담자는 어떻게 하는 것이 좋을까? 침묵은 금이라는 말도 있기는 하지만, 상담 회기 내내 침묵으로 일관하면 곤란하지 않을까? 상담을 자발적으로 온 내담자조차 말을 하지 않을 수 있고 상담에 협조적이지 않을 수 있다. 그렇다고 상담가가 급해지거나 초조해지면 안 된다. 침묵의 의미에 대해서는 '상담의 진행과정'에서 좀 더 상세히 다룰 것이다.

\# 갑자기 이야기를 시작하는 윌

손은 묵묵히 기다린다.
침묵을 깬 것은 윌이었다.
"비행기를 탄 적이 있었어요..."
뜬금없이 비행기에서 있었던 일을 꺼내며 이말 저말 꺼낸다. 마치 대화라는 것을 해본 적이 없는 것처럼. 그런 윌의 이야기를 묵묵히 받아주는 숀. 두 사람 간 침묵은 깨졌지만 여전히 어색하기만 두 사람. 이 상담은 과연 잘 진행될 수 있을까?

상담이 성공적으로 진행되기 위하여 먼저 내담자 '윌'에 대해 이해할 필요가 있다. 영화를 토대로 영화 속 주인공인 윌에 대해 분석해보자아래 내용은 영화를 토대로 한 추정임으로 참고적으로만 보시길 바람.

1 인적사항

- 나이 : 20대 초반
- 성별 : 남자
- 학력 : 중졸 또는 고졸영화 상에서 그의 학력에 대한 구체적인 언급이 없다. 그가 오랜시간 보육원에서 자랐고 현재 직업으로 미루어 보아 중졸 또는 고졸로 추측해볼 수 있다.
- 직업 : 청소부
- 과거력 : 보육원에서 자람. 의붓 아버지로부터 심한 폭행과 학대를 받았던 것으로 추정됨폭행, 차량 절도, 경관 사칭, 상해, 절도, 체포 불응 등으로 입건되었으나 스스로 변론하여 패소 판결 받아낼 정도로 뛰어난 지능을 소유한 것으로 추정됨
- 의뢰 사유 : 동네 양아치들과 싸움을 벌여 폭행 건으로 입건되어 현재 재판 중. 피검자의 인지적·정서적 상태를 명확히 하기 위해 MIT 수학교수 램보에 의해 심리검사 의뢰 됨.

2 수검 태도 및 행동관찰

20대 초반의 남성인 피검자는 보통의 키에 보통의 체격으로 짧은 커트머리를 하고 있었으며 무표정한 얼굴로 검사실에 들어옴. 개인 위생상태는 양호한 편이었고 eye-contact도 잘 되는 편이었으나, 검사에 별다른 흥미가 없는 듯한 시니컬하고 냉소적인 태도로 임하였음. 그러나, 문제의 난이도가 올라갈수록 오히려 흥미를 보이며 높은 집중력을 보여주었음. 문제를 다 풀고 나서는 다시 시니컬하고 냉소적인 태도로 돌아옴. 수검자는 지능검사에서 대부분 높은 수행을 보여주었고 학력 수준에 비해 높은 상식 수준, 수를 다루는 탁월한 능력, 높은 집중력과 암기력을 보여주었고 <토막짜기>나 <모양맞추기>에서는 매우 빠른 속도로 문제를 맞추는 등 놀라운 문제 해결력을 보여주기도 하였으나, <이해> 소검사에서 "약속은 왜 지켜야 하나요?"와 같은 질문에서 "약속이니까..."라는 식의 피상적인 대답으로 일관하거나 이유를 설명하기를 귀찮아하였고 <빠진 곳 찾기>에서는 "없는 게 없다"라고 대답하거나 쉬운 문제에서 조차 답을 하지 못하거나 아무 맥락 없이 "사람이 없어요"라는 식으로 엉뚱한 대답을 하곤 하였다. 특히, <차례 맞추기>에서는 매우 낮은 수행을 보이며 "이게 뭐지?" 라며 순서를 제대로 맞추지 못하였다.

3 검사 결과

1) 일반지능(General Intelligence)

지능검사K‒WAIS에서 **전체지능 150**(언어성 지능 152, 동작성 지능 150)**로 나타났으나, <상식>, <어휘>, <산수>, <토막짜기> 등의 소검사를 고려해 볼 때 이와 동등하거나 상회하는 『최우수 수준, 동 연령대 상위 1%이내에 해당』의 잠재 지능을 소유하고 있는 것으로 보이고,** 언어성VIQ과 동작성PIQ 지능의 유의미한 차이를 보이고 있지는 않으나, 소검사간 큰 편차scatter를 보이고 있어최대 11점 인지적 불균형이cognitive dysfunction 시사되어 자신의 능력을 충분히 발휘하지 못하고 있는 상태임...중략...위의 지능지수(IQ)는 추정일 뿐이다. 다만 '그'의 지능은 상식이나 토막짜기, 산수, 숫자 등의 소검사에서 거의 만점을 받을 정도로 매우 우수한 능력이 예상되나, 일부 소검사에서는 지체 수준의 점수가 나올 가능성이 크고 이는 윌의 성장과정과 관련지어 볼 때 타고난 지적 수준은 높으나 열악한 환경에서 자라 타인과 상호작용하고 그에 따른 대처방법을 적절히 훈육받지 못했기 때문에, 그의 잠재지능은 측정된 지능지수(IQ)를 상회할 것이다.

2) 성격 및 정서적 행동(Personality & Emotional Behavior)

정신증적 특성Psychotic feature이 시사되는 지각적 왜곡이나 사고 장애의 징후는 보이지 않고 대부분의 사람들이 보는 관습적이고 보편적 지각과 현실적인 판단을 할 수 있는 것으로 보이나, 외부 사상을 지각하는 데 있어 분명하고 객관적인 부분을 간과한 채 주관적이고 모호하며 인상에 근거하여 오지각하거나 오해석 할 가능성 높고 문제 상황에서 충동적으로 행동화acting out 할 가능성이 높다.... 중략....

4 │ 종합 및 제언

피검자는 최우수 수준의 지적 잠재력을 소유하고 있는 것으로 나타났으나 소검사만 편차가 심하여 자신의 잠재력을 충분히 발휘하지 못하고 있는데, 특히, 사회인지적 측면에서 저조한 수행을 보이고 있다. 즉, 사회적 규칙이나 규범에 대한 지식이 부족하고 본질과 비본질에 대한 이해와 핵심을 파악하는 능력이 부족하고 사회적 상황에서 미묘한 뉘앙스나 맥락을 파악하지 못하는 등 사회적 인지에서 어려움을 보여 대인관계에서 갈등이 발생할 수 있고 문제 상황에서 심사숙고하지 못하고 임기응변식 대처를 하거나, 충동적으로 행동화 할 가능성이 높다. 어려서부터 보육기관에서 자라면서 적절한 도움과 교육적·문화적 혜택을 받지 못하였고, 충분한 정서적 돌봄을 받지 못하였을 뿐 아니라, 입양과 파양을 반복하였고 특히 심각한 학대를 받으면서 정신적 충격과 심리적 고통을 경험하면서 타인과 세상에 대한 불신과 적대감과 분노감을 키워 왔을 것으로 보인

다. 이는 윌이 차량 절도, 경관 사칭, 폭행, 체포 불응 등의 행위로 설명된다.

따라서, 피검자에게 우선적으로 필요한 것은 어렸을 적 부모로 부터 충분히 받지 못한 애정과 사랑에 대한 욕구 좌절을 다루고 입양 후 심각한 학대로 인한 적대감, 분노감을 해소하는 것이 필요하다고 생각되며, 현재 피검자가 가지고 있는 비관적이고 비합리적이며 부적응적인 사고를 변화시키면서 건강한 대인관계, 즉, 상호호혜적인 대인관계 기술을 습득하기 위한 인지행동 상담을 권고하는 바이다.

02

상담의
초기 진행 과정

영화 <굿 윌 헌팅>에서 주인공 윌은 잦은 문제를 일으키고 법적 처분을 받기에 이르렀고 윌의 재능을 알아챈 MIT 교수가 그에게 정신과 상담을 권유하면서 상담을 시작하게 된다. 정신과 상담이라고 하는 이유는 상담가인 '숀'이 정신과 의사이기 때문이다. 정신과 의사들은 주로 약물치료를 하는데, 영화상에서는 약물치료에 대한 언급은 없고 주로 말로 하는 상담에 의존하는 것으로 보인다.[5]

대부분의 상담은 다음과 같은 과정을 거친다.

관계 형성 ➡ 면담 및 검사 ➡ 진단 및 사례 개념화 ➡ 상담 목표 설정 및 계획 세우기

---

5) 정신과 의사는 의사이다. 정신의학은 의학적 전통에 뿌리를 박고 있으며 조직화된 의학의 틀안에 존재한다. 그러므로 정신과 의사들은 그들의 지적인 뿌리를 Freud, Jung, Adler 등의 비의학적 공헌에 두고 있다 하더라도 의료전문가로서의 권력과 지위를 소유한다(권정혜 외 공역(2014), 임상심리학, 센게이지러닝). 정신과 의사들은 주로 약물치료를 임상심리학자나 상담심리학자들은 심리치료 즉, 약물치료가 아닌 '말로하는' 치료를 한다. 많은 사람들이 정신과 의사와 임상 또는 상담심리학자의 역할을 혼동하는데 이는 이후 상담의 정의 부분에서 자세히 다루기로 한다.

1 관계 형성하기

상담이 성과를 얻기 위해서는 무엇보다도 상담자와 내담자 간의 친밀감과 신뢰가 형성되어야 한다. 이를 라포라고 하며 라포raport란, 상담자와 내담자 사이의 상호 신뢰관계를 나타내는 심리학 용어로 서로 마음이 통하고 무슨 일이라도 털어 놓고 말할 수 있을 것 같이 느껴지는 친밀한 관계를 말한다.

프로이트Sigmund Freud는 분석가와 환자의 관계를 논하면서 사용한 용어로 '라포' 대신 '치료 동맹'이라는 용어를 사용하였고 이 치료 동맹은 1950년대 정신분석학자 제트젤Zetzel이 사용하면서 시작되었다고 한다. 1960년대에 그린슨Greenson에 의해 작업 동맹Working alliance이란 용어가 등장하면서 치료 동맹 혹은 작업 동맹으로 사용되고 있다.[6] 이러한 라포 형성이 되어야 의사소통이 원활해지고 내담자가 좀 더 자신을 드러내며 편안하게 자신을 탐색할 수 있으므로, 상담의 성과에 있어서 매우 중요하다. 즉, 치료 동맹 또는 라포 형성이 잘 되냐 그렇지 않냐가 상담에 있어서 가장 중요하다고 해도 과언이 아닐 정도로 라포 형성은 중요하다.

상담초기에 형성된 상담자와 내담자 간의 작업 동맹working alliance 수준과 상담의 성과 간에는 높은 상관이 있다고 알려져 있다. 상담 목표에 대한 합의goals, 상담에서 수행해야 할 구체적 과제tasks에 대한 합의, 정서적 유대감band 형성에 유의해야 하며, 상담자는 내담

---

6) 이장호 외(2013), 상담심리가이드북, 북스힐.

자에게 따뜻하고 수용적이며 상담 과정이 안전하다는 느낌을 주어
야 한다.

나는 개인적으로 '라포'보다는 '작업 동맹'이라는 용어를 보다 선
호하는 편이다. 단순히 친밀한 관계 정도로 설명할 수 없는 무언가
가 있기 때문이다.

일 년 전쯤 검사 의뢰를 받고 직접 가서 심리검사를 실시한 적이
있었다. 학교에서 또래 관계에 문제가 있어 학교측에서 비용을 지
불하는 대가로 검사를 실시한 것이었는데 대상은 초등 3학년 남아
였다. 귀염성있게 생긴 다소 개구진 아이는 검사실에 들어와서는
다소 산만한 모습을 보여주었다. 코에는 콧물이 말라 붙어 있었고
위생상태가 다소 불량한 상태였다. 전문가의 직감으로 '엄마 문제구
나'라고 생각을 했다. 아이는 오랜 시간 의자에 앉아 있어 본 적이
없는 것처럼 앉았다 일어서기를 반복했으나 검사자가 관심을 표하
면서 자료를 제시하면 과제에 집중하려는 노력을 보여주었다. 초등
3학년임에도 발음조차 부정확한 아이는 그런대로 잘 버티면서 검
사에 임하였다. 그런 아이가 기특해서 중간 중간 간식도 주고 칭찬
도 해주었더니 더욱 열심히 한다. 검사결과도 나쁘지 않게 나왔다.
잠재 지능 120정도의 지적 능력을 가진 아이였지만, 부모 특히 엄마
의 무관심 속에 방치되어 있었다는 것이 지금 생각해도 마음이 쓰인
다. 그렇게 우리는 3시간을 함께 검사를 실시하고 과제를 해결하기
위해 노력했다. 검사자는 그저 지켜보기만 하면 된다고 생각할 수
있지만, 오히려 검사자가 더욱 바쁘다. 피검자의 반응을 일일이 적

고 어떤 과제는 초를 재기도 하고 피검자가 힘들어하면 격려를 해주어야 한다. 그래서 조금만 시간이 지나도 피검자는 검사자가 자신과 함께 결과물을 만들어가고 있다는 느낌을 갖게 된다. 그래서 검사가 끝나고 나면 피검사자들은 대개는 검사자에게 수고했다고 하기도 하고 쉬어가면서 하라고 하기도 한다. 아이들의 경우도 그런 상황을 인지하기 때문에 힘들어도 참고 검사에 임한다. 그날도 그랬다. 3시간쯤 검사를 마치고 나서 나는 아이에게 너무 열심히 해주어서 기특하다고 해주었다. 검사실을 나가는 아이의 뒷모습이 무척이나 늠름해 보였다. 짧은 시간 동안 아이가 성장했다는 느낌을 받았다면 지나친 것일까.

아무튼 작업 동맹이란 함께 무언가를 같이 했다는 그런 느낌이 아닐까 싶다. 그렇게 묵묵히 같이 시간을 보내다 보면 끈끈한 동질감을 느끼기 마련이다. 즉, 혼자가 아닌 누군가가 곁에서 지켜주고 같이 해결책을 모색하고 있었다는 것을 아는 순간 작업 동맹은 그 진가를 발휘한다. 상담에서도 그저 상담자가 내담자에게 무언가를 앞서서 알려주며 이렇게 하라고 지시를 한다면 내담자와 상담자는 학생과 선생의 관계와 다름없다. 물론, 학생과 선생의 관계에서도 '작업 동맹'이 형성될 수 있다. 내가 예전에 좋아했던 미드 <캐빈은 12살>[7]에서 주인공 캐빈은 수학에서 낙제 점수를 받는다. 그 이후로 수학 선생님한테 방과 후 개별지도를 받는데 나날이 실력이 향

---

7) 미국드라마 22부작(1992~1993). 미국 1960−70년대 사춘기를 겪는 소년의 성장기를 다룬 드라마.

상이 되고 두 사람은 늦은 저녁 수학 문제를 풀면서 묘한 동지애를 느낀다. 그러던 어느 날 캐빈은 높은 수학 점수를 받고 선생님을 찾아가지만 선생님이 말없이 그만 둔 것을 알게 되고, 선생님의 집을 찾아가 "우리가 좋은 친구가 아니었나요"라고 묻는 장면이 있다. 수학 선생님은 냉정하게 "나는 네 친구가 아니라, 선생이야"라고 말하고, 이에 캐빈은 상처받지만, 실은 그가 심장병이 있었고 이로 인해 일을 그만 두었다는 것을 그가 죽고 나서 알게 된다. 어쩌면 어린 제자에게 상처를 주지 않기 위한 의도였을지도 모른다. 그의 말의 의도와 상관없이 두 사람이 보낸 시간은 공동의 목표를 향해 함께 무언가를 같이 이루어낸 공동의 산물임은 분명하다. 그게 아니면 상담자는 그저 그 상황을 바라보는 방관자가 될 수 있다. 그러나 상담에서 내담자와 상담자의 관계는 훨씬 더 역동적이고 주어진 시간 동안 아주 깊게 관여되고 그러기 위해 상담자는 내담자에게 집중한다. 그 순간만큼은 다른 모든 것을 잊은채 내 앞에 있는 내담자에게만 올인한다는 것이다. 이로 인해 점점 서로 주파수를 맞춰가다 보면 어느 순간 진실한 공감을 할 수 있게 된다고 생각한다.

손과 윌이 서로를 바라보며 환하게 웃는 모습(두 사람의 웃음을 통해 친밀감이 형성되었음을 알 수 있다)

✅ 침묵

'침묵은 금이다'라는 말이 있기도 하지만, 대부분의 사람들은 상대의 침묵에 당황한다. 이런 침묵은 여러 가지 원인에 의해서 발생한다. 윌의 경우도 원치 않는 상담에 온 것에 대해 자신의 불만을 침묵으로 표현한다. <굿 윌 헌팅>의 윌처럼 원치 않는 상담에 대한 분노가 이유일 수 있고 무엇을 말해야 할지 몰라서, 단순히 가만히 앉아 있는 것이 좋아서 등의 이유로 침묵하게 되는데 침묵의 이유를 다음과 같이 정리할 수 있다.

- 생각 중이다.
- 감정에 압도되어 있다.
- 심중에 있는 말을 하고 싶지 않다.
- 상담자의 반응을 두려워한다.
- 얘기가 누설될 것을 걱정한다.
- 적당한 말을 찾지 못했다.
- 마음의 평정을 찾으려 한다.

상담자는 내담자가 침묵하는 이유를 발견할 수 있다. 얼굴 표정, 내담자의 눈의 초점, 사소한 동작 등은 침묵의 의미로 이해할 수 있는 단서를 제공한다. 그래도 침묵의 의미를 이해하기 어려우면 상담자는 다음과 같은 질문을 할 수 있다.

"무슨 말을 해야 할지 모르는 것처럼 보입니다. 정말 그런가요?"

"지금 피드백을 주실 수 있겠습니까?. 침묵하고 계신 이유를 모
르겠군요.8)

　어린 아동은 침묵을 더 불편하게 느낄 수 있기 때문에 어린 아동
의 경우 침묵을 그대로 방치해서는 안 된다. 상담자는 아동의 비언
어적 의사소통을 관찰하여 아동이 침묵하는 이유를 파악해야 한다.
침묵이 계속되는 경우에는 피로나 흥미가 원인이었는지의 여부 등
을 살펴볼 필요가 있다. 연령이 어느 정도 있는 아동이나 청소년들
은 자신의 감정과 사고를 낯선 이에게 드러내기를 주저할 수 있기
때문에 "오늘 여기오니 어떤 기분이 드니?"라는 식의 질문을 하는
것이 좋을 수 있다. 이를 통해 불안을 표현하도록 하고 이에 대한 아
동의 대답에 대해 격려나 지지를 해주어야 한다.
　월의 침묵에 숀의 반응 또한 침묵이었다. 침묵을 침묵으로 반응
한 것인데, 자료를 정리하거나 아무 말도 없이 앉아 있는 월의 앞에
서 심지어 졸기까지 한다. 그러나 그의 행동은 어느 정도 계산된 행
동임이 이후에 드러난다. 그러나, 이런 반응을 할 때는 몇 가지 주의
할 점이 있다. 앞서 말했듯이 연령을 고려해야 한다. 그리고 연령이
어린 경우나 미성년자일 경우 침묵이 지속된다면 이런 상황에 대해
보호자의 동의를 얻을 필요도 있다. 상담 내내 아무말도 하지 않고
있었다는 사실을 미성년 내담자의 보호자가 안다면 의구심을 갖을

---

8) 김창대 역(2006), 상담 및 심리치료의 기본 기법, 학지사.

것이기에 이런 상황에 대해 충분히 설명할 필요가 있다. 월의 경우 미성년자는 아니지만 수학 교수 램보의 묵인하에 상담이 진행될 수 있었다. 이렇게 반항의 의미로 침묵을 하거나 상담을 거부하는 경우는 아동·청소년 상담에서는 흔히 일어나는 상황이기도 하다. 이런 상황에서 상담자는 반응을 보여주지 않고 무관심한 듯한 태도를 보여주는데 이는 부적절한 행위를 무시하는 행위로 행동주의에서는 어떤 부적절한 행위에 대해 반응을 주지 않는 것을 '소거'라고 한다. 이는 행동주의에서 보다 상세히 다룰 것이다.

\# 침묵하는 윌과 조는 숀

그렇다고 숀이 윌의 존재 자체를 무시했다는 것이 아니다. 일종의 반항으로서의 행위에 대해서는 반응하지 않되 윌이 스스로 말을 할 수 있을 때까지 그는 인내심을 갖고 기다린다. 이런 상황은 비자발적인 상황에서 종종 발생한다.

2 면담 및 검사하기

윌이 상담을 받기 위해 숀을 찾아왔다면 다음과 같은 과정을 거쳤을 것이다.

1) 접수 면접[9] : 초기 면담을 통해 의뢰 사유와 내담자의 정보, 심리검사 등을 실시함.
   - 의뢰 대상 : 본인이 아닌 MIT 수학교수 램보에 의해 의뢰됨. 내담자의 평소 충동적이고 폭력적인 행동에 대한 인지적, 정서적 상태를 명확히 하기 위함.

2) 심리검사를 통해 얻은 정보를 통해 평가하기

   - 내담자 윌의 문제가 무엇인지 심리평가를 통해 객관적이고 정확히 평가하기

3) 심리평가를 통해 얻은 정보를 가지고 내담자와 상담하고 상담계획하기

---

9) 접수 면접(intake interview)
   내담자와 첫 접촉으로 일반적으로 대면을 뜻함. 첫 만남이기 때문에 상담자와 대담자 간의 인상형성, 상담의 진행 방향, 상담과정의 순조로움과 깊이 등에 영향을 줄 수 있음으로 매우 중요하다.

― 내담자 윌의 분노조절 및 공격적 행동 등에 대한 문제 해결을
위한 상담의 필요성과 그에 따른 상담 계획하기

3 진단(Diagnosis)

진단diagnosis의 사전전 의미는 '의사가 환자의 상태를 판단하는
것'으로 진단은 의사의 몫이다. 의사들은 DSM[10] 진단체계의 분류
에 따라 내담자의 증상을 진단명으로 지정한다. 예를 들어 '우울장
애' '충동조절장애'와 같이. 그러나 내담자의 문제를 파악하기 위해
서 내담자에 대한 총체적인 이해가 필요하며 내담자의 개인적인 특
성과 환경적 특성, 내적 · 외적 자원 등도 파악해야 하며 종합심리검
사[11]를 통해 보다 면밀하게 진단을 내려야 한다. 진단은 의사가 하

---

10) 임상장면에서 정신과 환자들의 진단을 위해
사용되고 있는 공식적인 진단 편람으로 DSM
(Diagnostic and Statistical Manual of Mental
Disorders, American Psychiatric Asso ciation)
가 있음. 현재 DSM―5가 가장 최신으로 정신
장애 분류체계로 사용되고 있음. DSM 체계의

DSM-IV vs. DSM-5

특성은 장애의 원인보다 주로 장애의 양상이나 특성에 대한 기술을 하고 있
고 장애별 진단 기준이 구체적이고 명료하며 체계적으로 진단적 특징, 연
령, 문화 성별 특성 등을 기술하고 있음.

11) Full bettery
BGT, HID, MMDI, SCT, 지능검사, '로샤' 등 일련의 심리검사들의 종합세
트로, 각각의 검사들이 측정하는 것이 다르기 때문에 위 검사들의 검사 결
과를 통해 얻은 정보를 종합하여 해석하게 된다.

지만 심리검사는 임상심리전문가에 의해서 실시되는데 정신과 의사와 임상심리전문가는 긴밀히 협조하여 내담자의 상태를 파악하고 진단을 내려야 한다. 그 이유는 진단이 잘못될 경우 향후 치료를 해나가는데 있어서 방향성이 달라질 수 있기 때문이다 실제로 드러나는 증상만으로 판단을 할 경우 심각한 오류에 빠지는 경우가 종종 있다. 예를 들어, 조현병(정신분열증)과 양극성장애가 증상면에서 비슷한 점이 있다고 같은 분류로 진단되어서는 안 되는 것과 같은 이유다.

게다가, 많은 내담자들이 자신과 자신의 문제를 정확히 파악하지 못하고 있거나 자신을 드러내고 싶은 의도대로 왜곡할 수 있기 때문이다. <굿 윌 헌팅>이 월의 경우는 상담에 거부적이었기에 상담에 비협조적으로 임하였고 자신의 내면이 드러나는 것을 두려워했기 때문에 이를 들키지 않기 위해 상담자를 조롱하고 비난하는 등의 행위를 하였다. 그런 행위는 정확한 진단을 방해하는 것이다. 따라서, 보다 정확한 진단을 위해 미처 파악하지 못하거나 간과할 수 있는 측면을 객관적·종합적으로 파악하기 위해 심리검사는 필수적이며 지지적이고 수용적인 분위기에서 검사를 받도록 해야 하며 이를 통해 내담자의 문제를 객관적이고 명확하게 판단할 수 있다. 보다 자세한 내용은 필자가 쓴 '처음 시작하는 심리검사와 심리평가'를 참조하기를 바란다.

성장기 아동·청소년의 문제를 진단할 때는 신중할 필요가 있다. 특히 어린 연령일수록 만 5세 이하 발달과정 중에 있고 정확히 판단하기 어려운 경우가 있기 때문에 유보적인 태도로 보는 경우가 종종 있는데 대개는 시간을 두고 보자는 이야기를 하곤 한다. 실제로 아이들은 성장 가능성이 어른 보다 크기 때문에 이런 가능성을 열고 보아야 하며 어느 정도 연령이 되면 다시 테스트를 통해 면밀히 관찰할 필요가 있다.

4 │ 사례 개념화(case conceptualization, case formulation)

사례 개념화case conceptualization는 사례 공식화case formulation라고도 하는데 가설을 생성하고 검증하는 역동적이고 유동적인 과정이라고 할 수 있다. 상담가는 상담의 과정을 통해 내담자에 대한 사례 개념화를 끊임없이 수정하고 보완할 필요가 있다. 나는 이 사례 개념화가 내담자와 상담에 대한 큰 밑그림을 그리는 것과 비슷하다고 생각한다. 큰 그림을 그리지 못하면 세부 그림을 그리기 어렵고 방향성을 잃을 수도 있다.

제대로 된 사례 개념화는 그래서 중요한 것이고 이를 토대로 적합한 치료계획을 세울 수 있게 된다. 사례 개념화는 개입전략을 이끌고, 치료의 방해 요인을 예측하는데 도움을 줄 뿐만 아니라 치료자가 딜레마에 빠졌을 때 협상할 수 있는 방법을 제공해주며 치료적 노력이 실패할 때 문제를 찾아 해결할 수 있도록 도와준다.[12]

이와 같은 내담자에 대한 추론 및 가설에 따라 상담목표 및 전략

---

12) 정현희·김미리혜 공역(2018), 아동과 청소년을 위한 인지치료, 시그마프레스.

을 세우고 치료 개입이나 중재를 하거나 의뢰를 하게 된다. 사실 내
담자에 대한 이해가 충분치 않다면 사례 개념화를 하기 어렵다. 상
담자는 '도대체 이 내담자의 문제가 뭐지?'를 고민하면서 불안한 상
태에서 상담을 진행하게 될 수밖에 없다. 이해가 되지 않으니 내담
자에게 집중할 수 없고 점점 더 미궁에 빠지게 된다.

—— **내담자의 문제를 개념화하는 데 필요한 정보들**

- 가장 중요하고 심각한 문제는 무엇인가?
  → 윌의 경우 잦은 폭력과 공격성, 법적 위반행위(ex.절도) 등의 외현화된 문제가 있다.
- 주호소문제와 관련된 내담자의 기분이나 감정, 사고, 행동, 인간관계는?
  → 좌절, 본능감 내재, 행동화(Acting-out), 충동성이 나타나고, 몇몇의 보육된 친구들을 제외한 인간관계 없음
- 문제를 지속시켜온 원인 및 직접적으로 관련 또는 선행된 사건들은 무엇인가?
  → 어려서 상관 학대, 정서적 돌봄 없음
- 내담자의 강점과 자원, 사회적 지원은 무엇인가?
  → 높은 지능과 학업에 대한 호기심·야심

이와 같은 정보를 기초로 상담자는 자신의 상담이론적 지식과 임
상적 경험, 심리검사, 관찰한 내용 등을 종합적으로 검토하여 전체
적인 문제의 원인과 해결에 도움이 되는 상담전략을 세우는 것이다.
그러나, 가설은 가설일 뿐이다. 그러므로 상담을 하는 동안 상담자
는 자신의 가설을 적극적으로 검증하고 보완하려는 노력도 잊지 말
아야 한다.

5 상담목표 설정하기

사례 개념화가 이루어졌다면 이를 토대로 상담자는 상담 목표를 설정할 수 있다.

상담 목표를 정할 때 다음과 같은 것을 고려해야 한다.

1) 목표는 내담자가 원하는 것을 반영하며 함께 조율하여야 한다.

상담의 주체는 내담자임으로 내담자의 욕구가 무엇보다 중요하다. 그렇기 때문에 내담자가 원하는 것이 무엇인지를 파악하고 이를 상담에 반영하여야 내담자의 호응을 이끌어 낼 수 있는 것은 당연하다. 상담자가 내담자의 욕구를 무시하고 자신의 판단에 따라 목표를 정한다면 일방적으로 상담자에 의해 내담자는 끌려간다고 느낄 것이고 상담에 흥미를 잃을 수 있다. 아동이나 청소년의 경우에는 부모의 욕구 또한 고려되어야 한다.

굿 윌 헌팅의 경우 윌은 겉으로는 자신만만하고 이성관계에서도 경험이 많은 것처럼 말하지만 실은 제대로 된 연애를 해보지 못한 것으로 보인다. 그에게 누군가와 관계를 맺는 것은 부담스러운 일이었을 수 있다. 그는 새로 사귄 여자친구여자친구는 명문대에 다니며 좋은 환경에서 자란 것으로 보인다. 성격도 활발하여 윌에게 즐거움을 주지만, 너무나 다른 성장 환경과 현재의 상황에서 두 사람은 갈등하게 된다. 여자친구는 윌과 함께 떠나 새로운 출발을 하고 싶어 하지만, 윌은 이를 거절한다와 잘 지내고 싶다. 그래서 숀이 아내를 처음 만나고 사랑에 이르기까지의 이야기에 상당히 관심을 보인다. 말로 표현은 하지 않았지만, 두 사람 간에는 공통관심사가 생기고 이는 자연스럽게 상담으로 이어진다. 즉, 이성관계를 통한 대인관계 형성하기가 하나의 목표가 될 수 있다.

2) 목표는 관찰 가능하고 평가 가능하며 구체적이어야 한다.

상담자가 내담자에게 상담을 통해 변화하고 싶거나 원하는 것이 무엇인지를 묻는다면 어떤 내담자는 이렇게 대답할 수 있다. "남들처럼 행복해지고 싶어요!"

그러나 이 목표는 실현되기가 어렵다. 그 이유는 관찰이나 평가가 어렵고 구체적이지 않기 때문에 명확하고 구체적인 목표 설정을 하기 어렵다. 행복해지고 싶다면, "행복"이 무엇인가? 그 의미부터 따져봐야 한다. 행복이라는 개념은 상당히 추상적인 개념임으로 관찰이 불가능하고 따라서 측정할 수 없다. 그래서 관찰가능하며 측정가능한 구체적인 개념으로 전환시킬 필요가 있다.

'행복한 사람들은 잘 웃는다' 따라서, 행복은 웃음의 횟수와 관련이 있다고 가정한다면, 그 사람의 웃음의 횟수를 늘린다면 그는 그만큼 행복해졌다고 볼 수 있다. 물론 이 예는 매우 기계적이라고 느낄 수 있다. 중요한 것은 이처럼 구체적인 개념으로 변환시켜야 실현 가능하다는 것이다. 목표가 불확실한데 어떻게 그 목표를 달성할 수 있겠는가.

3) 실천 가능하고 상담자도 감당할 수 있는 것이어야 한다.

예전에 한 아동의 어머니가 이런 얘기를 한다. 아이하고 놀아주기 위해서 하루는 밀가루를 가지고 집에서 놀았다는 것이다. 다행히도 아이는 너무나 좋아했고 다시 그 놀이를 하자고 하는데 자기는 두 번 다시는 하고 싶지 않다는 것이다. 그도 그럴 것이 밀가루라는 것이 요리를 할 때도 잘못하면 여기저기 가루가 날려서 청소하려면 골치가 아픈데 그 밀가루를 가지고 아이하고 놀았다니… 생각만 해도 그 이후의 상황이 어땠을지 짐작이 간다. 그때부터 이 엄마의 고민이 시작된 것이다. 아이를 위해서는 또 해주어야 하겠지만 한번의 강렬한 경험으로 엄두도 내지 못하게 된 것이다. 그러면서 자신을 자책한다. 나는 좋은 엄마가 아닌가보다 하면서. 그게 아니라 감당할 수 없는 것을 섣불리 하는 게 아니었다는 것이다. 아이하고 관계를 향상시키기 위해서 일회적으로 이벤트를 해주는 것이 중요한 것이 아니라 일관되게 무언가를 함께 하는 것이 중요하다. 지키지도 못할 약속을 하고 실망하고 자책할 것이 아니라 실행 가능한 것을 할 것을 추천한다. 매주 등산을 가기보다는 매일 아이하고 한 시간씩 TV 프래그로램이나 영화를 보는 것이 더 나을 수 있다. 상담도 마찬가지다. 내담자가 감당할 수 없는 무리한 계획은 결국 실패로 끝날 가능성이 높고 이건 상담자 자신 또한 마찬가지다. 전문가는 자신이 무엇을 할 수 있는지 아닌지를 정확히 알아야 한다.

이런 상담의 주된 목표는 다음과 같다.

—— 상담의 주요 목표

- 현재 내담자에게 당면한 문제를 해결하고 갈등 해소
- 내담자가 처한 상황에 잘 적응할 수 있도록 도움
- 성격 장애나 심리적 장애 등의 증상을 제거하거나 완화
- 적응적이지 못한 행동을 적응적이고 적절한 행동으로 변화시킴
- 합리적인 의사결정을 할 수 있도록 도움
- 인생에서 성숙과 발달을 도움
- 자존감을 향상시킴
- 심리적으로 건강한 상태를 유지하고 행복한 삶을 영위하도록 함

출처: 이장호 외(2013), 상담심리 가이드북, 북스힐.

☑ 상담목표 설정 과정

상담목표를 설정함에 있어서 그 목적과 필요성에 대해 내담자가 납득할 수 있도록 자세히 설명하는 것이 선행되어야 한다.

그리고 먼저 장기 목표를 정하고 그에 따른 단기 목표를 설정해야 한다. 월의 경우 기본적으로 사람에 대한 신뢰가 없기 때문에 신뢰를 갖고 친밀감을 형성하는 것이 무엇보다 중요하다. 또한, 그가 보이는 충동적이고 공격적인 행동을 교정하기 위해서 분노를 조절하는 것이 필요하다.

1) 장기목표 : 전반적기능수준을 향상시킨다.
   예 1. 친밀감 향상시키기

2. 분노 조절하기

2) 단기목표 : 구체적, 측정 가능, 실질적 문제해결에 기여하고 내
담자가 통제할 수 있는 범위 안에 있는 것으로 선정한다.

1-1. (친밀감 향상을 위하여) 내담자가 좋아하는 활동이나 관심사에
대해 이야기하기 또는 아동·청소년의 경우 놀이나 게임하기

윌의 경우 → 숀은 친밀감 향상을 위해 자신의 아내 이야기를 꺼냄으로
서 윌의 여자친구 이야기를 끌어들이고 두 사람은 공통관심사를 갖게
됨으로써 친밀감을 형성할 수 있게 된다.

2-1. 근육이완훈련

- 근육이완 후 감정상태 기술 or 평정하기 → /10점 중 7점

* 근육이완훈련은 이완훈련 중 하나로 분노조절을 하기 위해서 각성이
나 긴장감의 감소를 위해 필요한 행동치유의 한 기법이다. 이에 대한
자세한 설명은 행동주의에서 자세히 다룰 것이다.

✅ 목표설정과 구조화

이 단계에서는 상담과정의 방향과 골격을 분명히 한다. 내담자들
은 흔히 상담자가 자신의 문제를 해결해주기를 바라거나 문제에 대
한 해답 및 행동 방향을 제시해 줄 것을 기대하는데, 내담자가 상담
에 대해 확실한 인식을 함으로써 상담의 다음 진행과정에 대한 두려
움이나 궁금증을 줄일 수 있게 된다.

구조화는 상담의 효과를 최대한도로 높이기 위해 상담의 기본성격, 상담자 및 내담자의 역할 한계, 바람직한 태도 등을 설명하고 인식시켜주는 작업이다. 다시 말해서 '내담자 교육'이다. 구조상 포함되는 사항은 상담의 성질, 상담자의 역할과 책임, 내담자의 역할과 책임, 상담의 목표 등이다. 아울러 시간과 공간적인 제한 사항도 덧붙인다. 예컨대, 다음과 같이 말할 수 있다.

"먼저 상담이 어떤 것인지를 말해야 할 것 같군요. 상담이란 당신 자신을 보다 잘 이해하고 문제를 가능한 한 구체적으로 해결하도록 노력하는 과정이라고 생각합니다. 먼저 ~에 대해 생각나는 것을 자유롭게 그리고 구체적으로 말해 주십시오. 당신이 이야기한 모든 것은 비밀로 지켜드립니다. 우리가 오늘 이용할 수 있는 시간은 45분이고 1주일에 1회씩 만나기로 하지요. 무슨 의문나는 점이 있습니까?"[13]

6 │ 상담계획 세우기

상담초기에 내담의 개인적, 환경적 특성, 상담목표 등을 고려해서 상담전반에 대한 대략적인 계획counseling planning을 세우게 된다. 여기에는 상담기간 및 횟수 등을 포함한 상담개입 전략에 대한 계획 등이 포함되며, 상담성과를 높이기 위해서 상담이 진행되면서 필요

---

13) 이장호 · 이동귀(2017), 상담심리학, 박영스토리.

에 따라 융통성 있게 수정 · 보완되어야 한다.

상담자는 내담자가 준비되어 있는 만큼 받아들일 수 있는 만큼만 상담계획에 반영해야 하며 상담자는 비교적 단기적인 효과를 기대할 수 있는 상담계획을 먼저 수립할 필요가 있다. '멀리 봐라, 장기적인 계획을 세워야한다'라고 들은 기억이 나지만, 상담과정에서는 너무 장기적인 치료계획은 사람을 지치게 만들 수 있다. 특히 내담자가 감당할 수 없는 거시적인 것만을 제시한다면 시작도 하기 전에 내담자는 심적 부담감만 안게 되고 이런 계획은 실패할 가능성이 높기 때문에 실행 가능하고 단기적이면서도 눈으로 확연하게 구분할 수 있는 성과를 끌어낸다는 것이 중요하다. 늘 친구들과 싸우고 과잉행동을 하는 아이의 경우 이런 문제 행동만 감소하더라도 엄청난 변화를 이끌어냈다고 아이나 부모는 느끼게 될 것이다. 그러기 위해서 상담자는 내담자와 상담계획에 대해 지속적으로 논의하여 내담자의 적극적인 참여를 끌어내야 한다. 때로는 상담자는 자신의 상담계획을 동료상담자나 슈퍼바이저와 상의하며 상담계획을 점검할 필요가 있다.

1) 상담의 전체 기간 및 상담횟수 정하기

상담계획에는 상담의 기간과 횟수 등을 정하는 것이 포함된다. 내담자가 상담자에게 물어 보는 것 중 하나가 상담 기간이다. "얼마나 걸리나요?"라는 질문은 어찌 보면 당연한 질문이다. 그런데 상담자가 "글쎄요... 해봐야 알죠."라고 답한다면 얼마나 걸릴지도 모르고 무한정 상담을 받아야 한다는 막막함을 내담자는 느끼게 될 것이다. 그래서 이에 대해 적절한 대답을 해주는 것이 필요하다.

필자의 경우 통상적으로 6개월에서 1년 정도라고 말해준다. 어떤 이들은 이렇게 답해주는 것에 대해 반감을 표하기도 하는데, 이는 이 기간 동안 완치를 해주겠다고 하는 것과는 다르다. 가끔 기간을 특정한 후 증상이나 문제를 완벽히 해결해주겠다는 식으로 말하는 상담자들이 있다고 들은 적이 있다. 상담자는 병을 치유하는 의사가 아니다.

따라서 필자가 말하는 6개월에서 1년 정도의 기간은 "통상적"으로 그렇다는 것이고 개인의 상태에 따라 다르다는 것, 즉, 문제의 심각성과 내담자의 상담에 대한 태도, 노력 등이 상담의 기간과 성과에 중요한 단서를 달 필요가 분명히 있다. 어떤 내담자들은 만약 중간에 종결한다면 효과가 없는 것 아니냐고 묻기도 한다. 그럴 경우 저자의 경우 '당신이 들인 시간과 노력에 비례할 것'이라고 말해준다. 중요한 것은 내담자가 안심하고 상담을 하도록 해주는 것이다.

상담자는 내담자, 미성년자일 경우 그들의 보호자들과 시간과 횟수에 대해 현실적인 측면을 고려하여 조율하여야 한다. 청소년일 경우 그들의 의견을 함께 수렴함으로써 자신이 그 선택에 동조하였음을 분명히 한다. 그렇지 않다면 이 아이들은 '내 선택이 아닌 부모와 상담자의 강요'라고 주장할 것이 뻔하기 때문이다. 기간과 횟수는 단기 또는 장기로 할 것인지, 주 몇 회를 할 것인지 요일과 시간을 구체적으로 정한다. 또한 심각도에 따라 주 1회 또는 2회 이상으로 할지 여부를 결정한다.

2) 기타 고려할 점

(1) 성인 내담자 / 미성년 내담자 보호자의 기대와 동기수준

전술했듯이 상담에 대해 내담자들이 갖는 가장 흔한 오해는 상담자가 알아서 목표를 정하고 치료해줄 것이라는 잘못된 기대를 한다는 것이다. 이런 선입견은 상담의 효과를 저해하는 요인이 된다. 어떤 내담자들은 추궁하듯이 상담가에게 "그래서 어떻게 하면 되죠?" 묻기도 하고 어떤 내담자들은 "선생님이 하라는 대로 할게요" 등 상당히 의존적이고 수동적인 태도로 일관하여 상담자에게 책임을 부과하기도 한다.

어떤 내담자는 "선생님, 저한테 해줄 좋은 얘기 없나요?"라며 끊임없이 상담가에게 질문하고 교육적으로 좋은 얘기나 좋은 교육이나 책 등을 권해달라고 요구하였다. 그러면서 상담을 하게 되면 상담가가 자신에 대해 분석을 해서 해결책을 제시해줘야 하는 것 아니냐면서 화를 내기도 하였다. 상담은 좋은 교육을 받는 것처럼 좋은 말이나 해주고 일방적으로 목표 등을 제시해주는 것이 아니라, 서로 해결책을 모색하는 과정이라고 아무리 설명을 해주어도 막무가내로 해결책을 요구하는 바람에 상담이 제대로 진행되지 않았던 적이 있었다.

내담자 자신이 노력하지 않는다면 상담의 효과는 거두기 어렵다. 따라서 내담자의 동기 수준이 어느 정도인지 중요하다. 이 경우 내담자는 스스로 변화할 것은 없다고 느끼고 있었다. 자신이 문제가 아니라 자신의 가족이 문제이며 가족들이 변화하기만 하면 문제가 없다고 생각하고 있었기에 변화하려는 노력을 기울이지 않았던 것이다.

(2) 문제나 증상의 심각도를 고려한다.

다양한 사람들이 상담을 받으러 온다. 다양한 연령대와 남녀, 장애나 증상의 정도에 따라 상담개입방법이나 기간, 횟수 등이 달라지는 것은 당연하다.

문제의 심각성, 장애의 여부, 증상의 정도를 고려하여 계획에 반영하게 되는데, 심각할 경우에는 보다 장기간 자주 상담을 권한다. 어떤 내담자들은 시간과 비용 등을 핑계로 일주에 한 번이나 이주에 한 번 정도 오기를 원하기도 하는데, 결정은 내담자나 그들의 보호자들이 정하는 것이지만, 그럴 경우 상담의 효과가 떨어지며 상담이 장기화 될 수 있음을 알려주고 선택하도록 한다.

중요한 것은 내담자나 상담기관 자체의 현실적 제약 등 고려해 가능한 상담 기간을 계획해야 한다. 가끔 주말 시간에 상담을 원하는 경우가 있다. 필자의 경우 토요일에는 가끔 상담을 하기도 하지만 일요일엔 상담을 하지 않는다. 그러면 어떤 내담자들은 자기네 시간이 그때만 된다면서 자기 시간에 맞춰줄 것을 요구하지만, 이럴 때는 냉정하게 거절한다. 상담자도 최소한의 휴식이 있어야 하기 때문이다. 일회성이라면 모르지만 주기적으로 일요일을 반납할 생각은 없다. 그래서 "저도 그날은 쉽니다. 다른 날로 조정해보시고 안 되면 다른 곳으로 리퍼refer해드릴게요"라고 한다.

(3) 내담자가 원하는 수준이 어느 정도인지를 고려한다.

내담자가 원하는 수준이 어느 정도인지를 고려하여 계획에 반영하는데, 기대수준이 너무 높은 경우는 적정 수준에서 조율이 필요할 수 있다. 안타까운 경우는 부모들이 아이의 수준을 너무 높게 평가하고 능력 범위를 벗어난 요구를 할 때이다.

아이에게 장애가 있는데 대학을 보내겠다는 부모들이 종종 있다. 어떤 엄마는 아이의 상태를 고려하지 않고 대학을 보내기 위해 상담을 받으러 온 케이스였는데, 아이는 청력상태가 상당히 좋지 않았고 60~70데시벨 − 큰 소리를 내야만 알아들을 수 있는 정도의 청력. 이 친구와 대화할 때는 마치 싸우는 것처럼 고함을 쳐야만 했다. 인지능력도 그다지 좋지 못했다. 무엇보다 어휘력과 언어 이해능력이 저조하였는데, 청각장애로 인해서 후천적으로 발생된 것으로 보였다. 고등학생이었던 이 아이는 또래 수준의 학습능력을 전혀 갖추지 못했다. 어휘수준은 초등학교 3−4학년 수준에도 미치지 못했다. 대학을 가는 것이 문제가 아니라

의사소통을 원활히 하는 것이 급선무였다. 그리고 기초 학습능력이
선행되지 않으면 대학은 가기 힘들고 대학에 진학한다고 하더라도
적응하기 어려울 것이다. 그래서 부모를 설득해 기초학습과 의사소
통 능력 향상을 높이는 쪽으로 목표설정을 바꾸고 기간과 횟수도 수
정하였다.

어떤 경우는 아이가 말을 더듬는데 말을 더듬지 않도록 훈련을
시켜달라는 것이었다. 말 더듬는 것이 보기 싫다는 이유였다. 그리
고 아이를 프로게이머로 만들겠다는 것이었다. 이 아이는 벌써 중3
이었고 틱도 심하게 나오는 상태였다. 어이가 없어서 웃음이 나왔
다. 그래서 아이가 원해서 말을 더듬고 틱이 나오는 줄 아느냐, 프로
게이머가 되는 것도 중요하지만, 먼저 아이가 행복하게 사는 것이
더 중요하지 않냐고 했더니, 그 후로 상담을 중단하고 나타나지 않
았다. 내담자의 욕구를 고려하되 내담자가 하고 싶은 것을 무조건
받아들이고 그에 따라 상담을 한다면 전문가는 필요없다. 다만, 지
속적으로 조율하는 과정이 필요하다.

굿 윌 헌팅에서 윌은 뛰어난 재능을 가지고 있지만 타인과 세상
에 대한 반항심으로 자신의 능력을 발휘하지 못한 채 살아간다. 심
지어 자신에게 온 기회를 헌신짝 버리듯 내팽개친다. 이를 상담자
인 숀이 꼬집는다. 어쩌면 윌은 부모와 세상으로부터 버림받은 것
에 대한 분노와 좌절감으로 괴로워하고 있고 어떻게 살아가야 할지
모르는 것일 수 있다. 자신이 원하는 것이 무엇인지를 모르기 때문
에 상담에서도 무엇을 말해야 하는지 어떤 기대를 가져야 하는지도

모른다. 많은 사람들이 자신이 원하는 것이 무엇인지를 알지 못한 채 살아가고 있다는 것은 어려서부터 그런 기회를 박탈당했기 때문일 수도 있다. 이럴 경우 그들의 이면에 깔린 동기를 살펴보고 끌어내는 것이 중요하다. 상담을 하면서 윌은 자신이 무엇을 하고 싶은지를 알게 되고 그 선택을 하게 된다. 자신의 사랑을 찾아 가는 것으로 그의 첫 여정이 시작된다. 그 선택이 무엇이든 그는 처음으로 자신이 원하는 것을 위해 자신의 삶을 살아가기 위한 첫발을 디딘 것이라 할 수 있다.

03

상담의 정의

지난해 겨울은 유난히 추웠던 것으로 기억된다. 중요한 프로젝트를 마치고 나서 복통과 함께 심한 감기 몸살에 걸려 혼이 난 적이 있었다. 평소 병원가길 무척이나 싫어하지만, 어쩔 수 없이 병원은 가야했다. 이렇듯 감기가 걸리거나 치통이 심하거나 하면 우리는 병원을 찾게 된다. 병원에 가서 의사전문가에게 진찰을 받고 약을 처방받는다. 이처럼 어떤 문제가 발생했을 때 관련 분야의 전문가에게 의뢰하는 행위로 학생이 진로를 탐색하기 위해서 하는 진로 상담이나 환자가 자신의 상태를 알아보기 위해서 의사를 만나서 하는 행위, 법률 전문가를 만나는 일들이 모두 상담에 포함될 수 있다.

결혼상담, 법률상담, 재테크 상담, 장학금 상담이라는 용어가 사용되고 있는데 여기서 말하는 상담은 행동양상이나 성격적 측면에서 변화를 가져오는 '전문적 심리상담'이고 일상용어로서의 상담은 주로 조언을 주거나 자문을 하는 '면담'의 성격을 띠고 있다고 하겠다[14]

즉, 도움이 필요한 사람이 도움을 줄 수 있는 전문가에게 문의하

---

14) 이장호 · 이동귀(2017), 상담심리학, 박영스토리.

고 상의하는 과정이라고 할 수 있고 심리적인 부적응의 문제를 가지고 있는 사람들의 경우 심리전문가에게 이런 상담을 받을 수 있다. 심리 상담이하 '상담'의 정의를 살펴보면 다음과 같다.

- 치료자또는 상담자와의 안전한 관계에서 내담자가 과거에 부정했던 경험을 다시 통합하여 새로운 자기로 변화하는 과정 Rogers, 1952

- 개인적 발달의 방향으로 현명한 선택이 이루어지도록 촉진하는 것Tyler, 1969

- 도움을 필요로 하는 사람내담자이 전문적 훈련을 받는 사람상담자과의 대면관계에서 생활과제의 해결과 사고, 행동 및 감정 측면의 인간적 성장을 위해 노력하는 과정이장호, 2005

- 전문적 훈련을 받은 상담자와 조력을 필요로 하는 내담자가 상담활동의 공동주체로서 내담자의 자각활동을 통해 문제 예방, 발달과정과 성장, 문제해결을 달성함으로서 그의 삶의 질을 향상시키기 위해 함께 노력하는 조력과정노안영, 2005

- 내담자가 상담자와의 관계에서 촉진적인 의사소통을 통하여 내담자가 개인적인 문제에 대한 자기 이해와 자기 지도력을 터득하도록 도와주는 과정. 그리하여 현재의 문제를 효과적으로 해결하고 장차에도 일어날 수 있는 삶의 문제에 대한 조망과 해결능력을 갖게 되어 자기 효능감과 자족감을 느끼도록 인도하는 일련의 학습과정홍경자, 2016

즉, 상담이란 전문적 교육 및 훈련받은 상담자가 내담자의 인생에 긍정적인 변화를 만들 수 있도록 문제 예방, 발달과 성장, 문제해결을 돕는 전문적 과정이라고 할 수 있다.

상담과 비슷한 용어로 심리치료가 있다. 상담은 정상적인 변화와 적응을 다루고 성격적, 교육적, 직업적, 집단적 적응을 촉진시키는 것을 목표로 하는데 반해 심리치료는 병리적인 문제를 다룬다는 차이가 있다.

다시 말해 상담과 심리치료의 차이점은 '환자'를 대상으로 '증상'을 다룬다는 면이고 비슷한 점은 '전문적인 관계'를 바탕으로 정서적인 문제를 '심리학적으로 접근'한다는 면이다. 또한 상담에서는 정서적인 문제뿐만 아니라, 사고 방식, 행동양식, 대인관계 등 일상생활의 주요 과제와 요인들을 두루 취급한다는 점이 차이라고 할 수 있다. 그러나 심리치료에서는 병원 장면의 환자를 대상으로 한다는 점이 뚜렷한 차이일 뿐, 상담에서처럼 대인관계와 성격상의 여러문제를 골고루 다룬다는 점에서 내용의 한계를 분명히 하기 힘들다. 그러므로 상담과 심리치료의 차이는 '누가 주고 어떤 내담자를 대상으로 하며, 어떤 방법으로 어느 정도까지 접근하느냐'에 달려 있다고 볼 수 있다.[15]

그리고 많은 사람들이 혼동하는 것 중에서 상담과 심리치료에 대한 것 외에 심리상담사와 임상심리학자 정신과 의사의 차이가 무엇인지 혼동한다는 것이다. 이들의 일은 상당 부분 겹치기도 하고 서

---

15) 이장호·이동귀(2017), 상담심리학, 박영스토리.

로 도움을 주고 받아야 하는 관계에 있기도 하다.

1) 심리상담사, 임상심리학자, 정신과의사의 차이

임상심리학자와 상담심리학자 둘 다 심리학적 장애의 치료와 예방에 관여하지만, 상담심리학자는 겉으로 드러난 정상적인 변화와 적응을 다루고 성격적·직업적·집단적 적응을 촉진시킨다. 상담심리학자는 심리치료보다는 직업상담 또는 전 생애의 변화 및 발달상의 문제와 관련된 상담을 한다. 반면에 임상심리학자는 심리적 장애의 치료와 평가를 우선시 한다. 그러므로 임상심리학자는 심리학적 문제의 예방, 진단, 치료 및 그와 관련된 연구에 더 초점을 맞추고 상담심리학자보다 더 병리적인 문제를 다룬다. 그 이유는 임상심리학의 임상심리학에서 "임상"이라는 말은 원래 "임상의학"에서 비롯되었다. 임상의학이란 인간의 질환에 대하여 의학적 모형medicalmodel 혹은 질환 모형diseasemodel에 의한 치료적 개입을 통해서 환자의 질환 상태를 호전시키려고 시도하는 학문으로 임상은 환자의 질환을 직접적으로 보살핀다는care 것을 의미하고 임상장면이란 임상적 접근을 시도하는 장면을 뜻한다. 임상심리학은 심리학적 원리와 방법을 적용하여 개인의 적응 및 심리적 문제를 해결하려 시도하는 심리학의 한 분야이고 임상의학 중 정신의학은 질환모형에 따라 정서장애나 정실질환을 치료하는 의학의 한 분야이다. 정신의학은 임상심리학과 가장 밀접한 관계에 있는 인접 과학일 뿐만 아니

라 정서장애나 적응장애와 같은 심리적 문제에 대한 접근 방법도 임
상심리학과 유사하다.[16]

정신과의사는 정신장애의 진단, 치료, 예방을 담당한다. 정신과
의사는 정신과 레지던트 수련과정을 마쳐야 하며, 환자들을 돌보면
서 자격을 가진 정신과 의사의 지도감독을 받는다. 레지던트 과정
은 병원에서 하기 때문에 보다 심각한 병리를 볼 수도 있고 외래환
자를 볼 수도 있다. 치료 외에 약물을 처방하거나 다른 의학적인 검
사를 시행할 수도 있다.[17]

2) 상담자의 자질

상담전문가든 임상심리전문가든 정신과 의사든 궁극적인 목적
은 심리적, 정신적으로 도움이 필요한 사람을 돕는 것이다. 그리고
이들은 전문적인 교육과 훈련을 받은 전문가들이다.

전문적 상담자란 치료적, 예방적, 교육 및 발달적 역할을 하며 내
담자를 조력하기 위해 상담 이론과 기법, 인간 발달, 집단과정, 윤리
적 및 법적 문제 등에 관한 지식과 기술을 훈련받은 사람이라고 할
수 있다. 이들에게는 크게 전문성, 인간적 자질, 상담자가 갖추어야
할 태도로 나누어 설명할 수 있다.

---

16) 김영환(1993), 임상심리학의 원론, 하나의학사.
17) 황순태 외 공역(2016), 임상심리학의 이해, 학지사.

(1) 전문성

우리가 살면서 여러 가지 어려움에 봉착할 때가 있다. 그럴 때 누군가가 있었으면 하고 생각할 것이다. 당신은 누구를 찾을 것인가? 친구나 직장 동료 또는 선배? 우리가 겪는 많은 일들은 대부분 처음이거나 잘 모르는 일이거나 판단을 하기가 어려운 일들이다.

나보다 경험이 많은 사람들로부터 이런 저런 얘기를 듣기도 하고 충고를 받기도 한다.

많은 사람들이 오랜 경험을 토대로 경험치를 통해 나름의 판단 기준을 형성하는데 상당부분은 이런 것들이 정확하게 작용한다. 예를 들어 30년간 구두를 닦은 사람이 있다면 그는 사람들이 신고 다니는 신발 굽의 어느 부분이 닳았는지를 보고 그 사람의 성격을 파악할 수 있다는 것이다. 그리고 그의 예측은 상당 부분 정확할 것이다. 그러나 그 근거를 그는 자신의 주관적인 경험 이외에 달리 설명할 길이 없다는 한계를 지닌다. 심각하고 복잡한 문제일수록, 판단하기가 어려운 문제일수록 전문가적인 조언이 필요하다.

전문가는 셀 수 없이 많은 연구자들에 의해 검증된 이론들로 무장하고 실습경험 등을 통해 쌓은 노하우로 전문적인 도움을 줄 수 있다. 따라서 전문적 상담자는 평가나 진단에 대한 지식, 상담이론에 관한 지식 및 이해를 바탕으로 다양한 상담 기법을 능숙하게 활용할 수 있어야 하고 이 외에도 다양한 실습 경험과 교육분석, 슈퍼비전 등의 훈련과정을 거쳐야 한다.

<굿 윌 헌팅>에서 수학교수 램보는 윌의 재능을 알아채고 그를 자신의 연구실에서 일하도록 한다. 그러면서 한편으로 상담을 받도록 하지만, 적당한 전문 상담가를 찾지 못한다. 그러던 중 자신과 사이가 좋지 않지만 상담가로서는 유능한 숀에게 의뢰한다. 윌이 재능이 있음에도 불구하고 동네 양아치들과 어울려 다니며 자신의 인생을 허비하고 다니는 이유와 원인을 알아내고 자신의 재능을 살리고 보다 나은 삶을 살도록 돕기 위해서는 전문적인 도움이 필요하다고 판단한 것이다.

(2) 인간적 자질

전문적 상담가는 관련 전공을 하고 나서 수년 이상의 교육분석과 수퍼비전을 통해서 전문가로 만들어진다고 전술하였다. 그러나 이것만으로는 부족하다. 상담가 개인의 인간적 자질이 부족하다면 아무리 전문적인 공부를 하고 수련을 받았다고 하더라도 훌륭한 상담을 하기 어렵다. 상담자 자체가 치료적 도구로서 상담자는 내담자에게 무의식적 본보기 역할을 할 수 있어야 하고 자신과 타인에 대한 개방성, 이해와 수용, 유연성, 안전성, 창의성을 갖추고 있으면서, 신뢰할 수 있는 인성이 필요하다.

이렇게 말하면, 상담자는 타고나길 성인군자여야 한다는 의미처럼 들릴 수 있다. 그러나 개인적으로 노력에 의해 상담가로 거듭나야 한다는 의미로 받아들이면 좋겠다. 예전에 대학원에서 상담 수업 과제_{번역}를 하던 중 이런 내용이 눈에 들어왔다. '비록 어려운 환경에서 자랐다고 하더라도 이런 역경을 극복한 사람일수록 보다더 훌륭한 상담가가 될 수 있다'는 내용이었다. 이 문구가 오랜 시간동안 뇌리에서 떠나지 않았다. 스스로 열악한 환경에서 자랐고 많이 부족하다고 느끼고 있었는데, 이 말은 나에게 커다란 위로와 위안이 되었고, 힘이 되었다. 중요한 건, 그러한 자질을 갖추기 위한 '노력'일 것이다.

월과 숀의 첫만남은 월의 도발로 엉망이 되어 버린다. 눈치 빠른 월이 숀의 약점_{아내의 죽음}을 건드리며 숀을 자극했기 때문이다. 숀은 월의 멱살을 잡으며 분노한다. 물론 이런 행동은 상담자로서 적절치 못한 행동이었다.

아내를 모욕한 월을 협박하는 숀

월이 돌아가고 나서 숀은 홀로 시간을 보내며 상념에 젖는다. 그가 무슨 생각을 했는지 정확히 알 수는 없지만, 월을 상담하기로 결정한 것에서 그가 자신의 문제를 다시 들여다보고 무언가 깨달음을 얻었을 것이라고 추측할 수 있다. 아내의 죽음을 아직까지 받아들이지 못하고 고통스러워하던 그는 속으로 이렇게 되뇌이고 있었을지 모른다. '맞아, 내 문제도 하나 극복하지 못하고 마음을 닫고 상처 받을 것만 두려워하면서 내가

집에서 생각에 빠진 숀

무슨 상담자란 말인가' '아직도 아내가 죽은 것을 생각하면 슬프지만, 이젠 어쩔 수 없는 일이야.... 난 최선을 다했어...' 그는 이렇게 속으로 말하고 있는 것 같았다. 그리고 나서 윌을 상담하기로 결심한다.

상담자는 완전무결한 존재가 아니라 평범한 사람들과 같이 상처 받을 수 있는 존재이다. 다만, 자신의 문제를 빨리 알아차리고 보다 빨리 대처할 수 있을 뿐이다. 이런 상담자의 모습은 내담자에게도 좋은 본보기가 될 수 있을 것이다. 그리고 상담자가 스스로 이런 경험을 통해 타인을 이해하고 수용하는 것이 용이해진다. 윌과 숀의 관계는 처음에는 다소 거칠게 시작되었지만, 서로의 상처를 공유하며 서로를 이해하게 된다. 다시 말해 숀이 자신의 상처와 고통을 개인의 문제로만 치부하고 그것에만 함몰되어 있었다면 그는 타인의 고통에도 무관심하게 될 것이다. 그러나 이를 극복할 뿐 아니라 더 나아가 타인을 도움으로서 자신과 타인에게 모두 유익한 결과를 가져온다는 것이다. 그렇기 때문에 상담자 자체가 자신을 상담의 한 실험도구로 활용하여야 하며 그러기 위해서는 자신과 타인에 대해

열린 마음을 갖고 있어야 한다.

(3) 상담자의 태도

전문적 상담가가 된다는 것은 이와 같은 것들을 갖추면서 자신의 도움을 필요로 하는 누군가에게 도움이 되고자 하는 욕구가 없다면 이 일을 하지 않는 것을 권한다. 상담자 스스로 훌륭한 인성을 갖추도록 노력하고 상담을 통해 타인을 변화시키고 그 변화는 또한 상담자를 보다 성숙하게 만드는 과정을 이끈다. 상담은 내담자와 상담자 모두에게 신성한 작업으로 상담가는 이런 작업을 훌륭하게 이끌기 위해 인간적 성장을 멈추지 않아야 한다. 이런 사명감은 대가를 넘어서는 가치를 추구하는 것이며 성장을 통한 성취감이야말로 상담자가 얻는 최고의 대가이다.

또한, 상담자는 정직하고 겸손하며 편견 없이 내담자를 기꺼이 도우려는 의지가 있어야 한다. 내담자의 비밀을 철저히 유지[18]하고 자신의 전문적 한계를 알고 있으며 내담자와의 상담관계에 영향을 줄 수 있는 이중관계[19]를 피하는 등 내담자를 존중하는 높은 윤리적 책임감이 필요하다. 쿤은 윌에게 자신의 경험을 기꺼이 말하며

---

18) 상담자는 내담자가 자신이나 타인을 해칠 수 있는 경우나 아동학대와 관련된 경우 등 특별한 경우를 제외하고는 비밀을 유지해야 한다.

19) 상담자와 내담자가 상담 이외에 경제적 거래나 사적 관계 등을 맺는 것을 말함. 또한 한국상담심리학회와 상담심리사 윤리강령에 따르면 상담관계가 종결된 이후 최소 2년 내에는 내담자와 성적 관계를 맺지 말 것을 규정하고 있다.

월을 친구처럼 대한다. 그런 손의 태도는 월의 마음을 열게 만든다.
월을 편견없이 대하는 손에게 월은 신뢰감을 갖게 되고 그의 친근한
태도로 인해 자신도 모르게 자신의 이야기를 하면서 두 사람은 누구
보다도 친밀한 사이가 된다. 그러면서 때로는 손의 날카로운 질문
에도 월은 상처받지 않고 이를 수용할 수 있는 상태가 되는 것이다.
이미 월은 지난날의 그가 아니다. 적어도 월은 손이 자신을 돕기 위
해 진심으로 노력한다는 사실을 알고 있으며 때로는 아프지만 자신
이 직면하고 싶지 않은 것들을 마주하도록 하는 것이 자신에게 필요
하다는 사실도 인지하고 그로 인해 자신의 삶이 변화할 것이라는 것
을 알고 있기 때문이다.

상담자가 갖추어야 할 필수적인 태도에는 진솔성, 무조건적 수
용, 공감 등이 있다. 이는 Roger의 인본주의 상담에서 보다 자세히
다루어질 것이다.

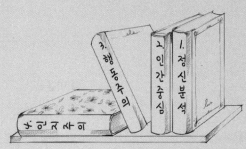

PART 02
상담의
주요이론

― 상담의 주요이론(이장호, 2013)

	정신분석	인간중심	행동주의	인지주의
인간관	정신활동의 대부분은 의식에 감추어져 있고 갈등에 휩싸여 있다.	인간 본성은 일반적으로 성장 지향적이다.	인간 행동은 기본적으로 조건형성, 강화 등을 통해 학습된다.	인지는 사건(자극)과 행동(반응) 사이를 매개한다.
기본 가정	과거의 무의식적갈등이 현재에서 무의식적으로 재연	즉각적인 경험	구체적인 외현행동의 촉매, 선행사건, 보상적 결과	선행사건과 결과를 매개하는 인지(귀인, 신념 등)
상담자의 역할	'고고학자' 내담자가 심리내적 갈등의 뿌리와 현재의 징후를 이해하도록 이끈다.	'거울' 내담자가 이해받아 수용됨. 가치를 느끼는 지지적인 분위기를 형성한다.	'코치' 내담자의 구체적인 행동변화와 이를 유지시키는 조건에 대한 확인 계획, 수행을 돕는다.	'과학자' 내담자가 습관적인 부적응적 사고를 확인하고 도전하고 대체하도록 돕는다.
주요 기법	ㅡ자유연상 ㅡ 꿈의 분석 ㅡ해석 (저항, 전이)	ㅡ 진솔성 ㅡ 무조건적 긍정적 존중 ㅡ 공감적 이해	ㅡ 강화 ㅡ 체계적 둔감화 ㅡ 기타 (조형, 주장훈련, 행동연습...)	ㅡ 논박을 통해 비합리적 신념 수정하기 ㅡ 인지 왜곡 수정하기

― 상담의 기본 기법

이론에 따른 기법	기본 기법	상담과정에 따른 기법
정신분석, 인간중심, 행동주의, 인지주의, 게슈탈트...	경청, 반영, 공감, 명료화, 직면, 해석	탐색 단계―주의집중/경청, 반영, 재진술, 개방형/폐쇄형 질문 통찰 단계―도전, 해석, 자기개방, 즉시성 실행 단계―정보제공, 직접적 안내, 피드백, 지지와 승인

상담의 기술은 상담이론에 따라 방법이 달라질 수 있으나 상담가는 어느 한 이론에만 갇히기 보다는 내담자에 따라 다양한 상담기술을 구사하고 활용하는 것이 중요하다. 먼저, 주요 상담이론들을 살펴보도록 한다.

정신분석

"본능이론은 신화다. 본능은 신화적 실체고, 모호하기 때문에 장엄하다.

환자를 치료할 때 우리는 잠시도 그 본능을 무시할 수 없지만,

우리가 본능을 분명하게 보는 것인지 모르겠다."

-지그문트 프로이트가 1897년 플라이스에게 보낸 편지

1 | 프로이트

필자가 고1이었을 때의 일이
다. 새 학기가 되었고 세계사 수업
으로 기억되는데 한 선생님이 아
주 오래되어 보이는 스타일의 양
복을 입고 교실 안으로 들어왔다.
검은색 뿔테에 그 두께를 가늠키

출처: 구글(www.google.co.kr)

어려운 두꺼운 안경알 뒤로 보이는 작지만 예리한 눈을 한 선생님은
간략하게 자기소개를 하고 나서 낮고 조용하게 이야기를 시작했다.

테베라는 나라에 왕라이우스이 있었고 왕비조카스타사이에 아들오이
디푸스이 태어났다. 아기에 대한 신탁을 받은 결과 왕과 왕비는 충격
적인 이야기를 듣는다. 이에 왕은 아들을 죽이도록 명령하였으나,
아기는 죽지 않고 구조되어 양부모에 의해 길러진다. 청년이 되어
그는 자신이 아비를 죽이고 어머니와 결혼할 운명이라는 사실을 알
고 절망하며 양부모를 떠난다. 그는 자신을 길러준 부모가 친부모
가 아님을 알지 못하였고 자신의 부모를 죽일 수 없기에 그들을 떠
나게 된 것이다. 그렇게 양부모를 떠나 길을 가던 중 우연히 자신의
친부를 만나게 되고 싸우다가 그를 죽이게 된다. 그리고 스핑크스
의 수수께끼를 풀고 나서 그에 대한 보상으로 자신의 친모와 결혼하
게 됨으로써 그가 받은 신탁은 완성된다. 이 이야기는 그리스 로마
신화에 등장하는 오이디푸스 왕의 비극적인 이야기다.

오이디푸스 신화(구스타모 모로의 오이디푸스와 스핑크스-좌 / 유진어네스트 힐마
쉐의 오이디푸스 왕과 그의 딸 안티고네-우), 출처: 네이버(www.naver.com)

오이디푸스 왕의 신화에서는 "장차 자신의 아버지를 죽이고 어머
니와 결혼한다"는 신탁 때문에 친부모로부터 버려지고 오이디푸스

는 자신의 운명으로부터 벗어나기 위해 부모를 떠나 자신이 누구인지를 알기 위해 먼 여정을 떠나게 되고 자신을 알고 있는 모든 사람들을 찾아 질문함으로써 마침내 신탁의 내용과 자신의 친부모와 자신이 누구인지를 알게 되지만, 이미 신탁이 이루어진 운명아버지를 죽이고 어머니와 결혼함의 죄책감으로 오이디푸스 왕은 스스로 자신의 두 눈을 찌르고, 어두움 속에서 무서운 죄책감에서 생을 마친다.

'근친상간'과 '부모살해'라는 주제는 금기 중의 금기였기에 나는 한동안 충격에 휩싸여 있었던 것을 생생히 기억한다. 부모를 봉양하기 위해 자신의 살을 도려내어 먹였다는 이야기나 아기를 죽였다는 이야기만큼이나 끔찍한 이야기였다.[20] 그러나 이 신화 속 이야기는 정신과 의사이며 심리학자인 프로이트에 의해 재탄생된다. 그의 이론을 이해하기 위해 오이디푸스를 말하지 않을 수 없기 때문이다.

롤로 메이[21]는 다음과 같이 이야기한다. 오이디푸스 신화는 처

---

20) <암행어사 박문수>에 등장하는 이야기다. 조선시대 어사 박문수가 경상도 현풍이라는 지방에 시찰을 나갔을 때의 일이다. 어느 부부가 늙은 어머니와 한 살배기 아들과 함께 살고 있었는데, 점심때가 되자 아내는 시어머니의 점심밥을 해드리고 아이에게 젖을 먹이러 갔는데 시어머니가 "얘야, 내가 오늘 점심으로 맛있는 닭죽을 끓여 놓았다" 말해서 부엌에 가서 솥을 열어보니 그 안에 든 것은 다름 아닌 한살된 자신의 아들이 들어 있었다. 며느리는 간신히 마음을 추스르고 죽은 아이를 뒷산에 묻고 닭을 잡아 닭죽을 끓여 시어머니에게 드렸다는 이야기다. 이야기를 들은 박문수가 효부비를 세워주었다. (출처 : 권수영(2016), 한국인의 관계 심리학, 살림)
21) 롤로메이Rollo May, 1909~1994
미국 오하이오에서 태어났고 부모의 잦은 불화와 이혼, 여동생의 정신 질환 등으로 어린 시절을 힘겹게 보냈다. 미시간주립대학과 오하이오의 오벌린 대학을 졸업한 후 영어를 가르치면서 알프레드 아들러(Alfred Adler)

음에는 호메로스 이야기에서 신화의 한 부분을 차지 하다가, 소포
클레스가 자신의 실체를 찾으려는 영웅의 신화로 바꿨다. 오늘날
우리는 이렇게 자신의 실체를 추구하는 것을 정체성 탐색이라 부른
다. 오이디푸스가 그랬듯이 "나는 내가 누구인지 알아야 해!"라고
외치며 자기 운명에 저항하는 사람은 그리스인뿐만 아니라 정체성
을 찾기 위해 불안정한 투쟁을 하는 모든 사람을 대표한다. 이런 이
유로 프로이트는 현대 심리학에서 오이디푸스 신화를 중심 개념으
로 삼았다. 누구나 한 아버지와 한 어머니의 자식으로 태어나고 반드
시 어떤 식으로든 부모에게 반항해야 한다. 그것이 오이디푸스 같은
고전이 주는 교훈이다.[22] 프로이트는 오디프스 왕의 신화를 통해 오
이디푸스 콤플랙스의 개념을 만들었다.

　이 이야기 때문이었는지 나는 심리학과에 진학하게 되었고 지금
까지 심리학을 공부하며 관련 일을 하고 있다. 이것도 얄궂은 운명
이었을까... 어찌되었건 나를 포함한 심리학자들은 그의 이론을 얼
마나 수용하든 아니든 여부와 관계없이 그에 대한 일말의 심리적 부
채를 지니고 있다. 어떤 이들은 프로이트에 대해 잘 알고 있다는 듯
이 또 프로이트냐며 식상하다는 식의 핀잔을 주기도 한다. 그러나,

와 함께 공부하기도 하였고 실존주의 신학자 폴틸리히(Paul Tillich)와 교
분을 맺었고 화이트 연구소에서 정신분석학을 연구하며 에리히 프롬
(Erich Fromm)과 설리번(H.S.Sullivan)을 만나 영향을 받았다. 1949년에
컬럼비아 대학 최초로 임상심리학 철학 박사학위를 취득하였고 이후 유럽
의 실존주의 사상을 미국의 심리치료 이론과 실제에 적용하는데 공헌하였
다(신장근 역(2015), 신화를 찾는 인간, 문예 출판).

22) 신장근 역(2015), 신화를 찾는 인간, 문예출판사.

자주 접한 것이 잘 안다는 것은 아니며 깊이 있게 충분히 이해하고 있다는 의미는 더더욱 아니다.

아쉽게도 이 이론에 대한 심층적인 이해를 돕는 것은 본서에서는 어렵기에 다음에 보다 깊이 있게 소개할 기회가 있으리라 기대하며 간략하게 프로이트와 그의 이론에 대해서만 살펴보기로 한다.

프로이트는 1856년 5월 6일 체코슬로바키아에서 태어났고 그들의 부모는 유대인이었다. 그가 네 살 때 비엔나로 이사를 와서 그의 딸 안나 프로이트는 나치가 점령한 도시를 떠날 때까지 그곳에서 머물렀다고 한다. 그리고 1939년 9월 23일 런던 햄스테드에서 죽었다.

\# 프로이트 유년 시절

그는 대학에서 의학을 전공하였고 처음에는 뱀장어의 생식기와 물고기의 중추신경계를 연구하였다.[23] '정신분석'이라는 용어는 1896년에 나왔는데 빈의

\# 뱀장어 연구

의사 J. Breuer와의 공동연구로 출발하였고 프로이트는 브로이어로부터 최면과 정화 기법을 배웠다고 한다. 그러나 '억압'이론이 나

---

23) 이용승 역(2012), 상담과 심리치료 주요인물 시리즈 지그문트 프로이트, 학지사.

오면서 치료의 목적은 감정정화가 아니라 억압된 것을 찾아내게 되었다. 그리고 프로이트는 '꿈의 이론'을 통해 자신의 이론을 내놓기 시작한다.[24]

프로이트는 성적 욕구에 기반을 둔 심리학 이론을 제기해 과학계를 흔들었다. 프로이트는 성적 욕구가 비단 어른뿐 아니라 가장 어린 신생아에서부터 노인에 이르기까지 나이에 상관없이 모든 사람의 원동력이라고 주장했다. 우리의 모든 심리구조는 바로 이 성적 욕구를 분출하는 방식에 불과하다는 것이다. 그리고 그가 처음에 내놓은 정신분석의 이론의 중심에는 본능체계 개념이 있는데 여기에는 두 종류의 기본적인 본능이 포함된다. 하나는 생명보존 본능으로 이러한 본능은 생존 기능에 도움이 된다. 두 번째 종류의 동기유발 요인들은 성적 본능으로 이루어져 있는데 '성적 성숙'이 어른 발달의 마지막 단계생식으로 이어지는 생식기 단계에서 완성된다고 보았다.[25] 후에 프로이트는 생명 보존과 성적 본능을 '생명 본능'이라는 같은 집단의 본능으로 합치고 '죽음 본능'이라는 두 번째 종류의 본능을 추가하였다.[26]

또한, 프로이트의 이론 중 핵심 개념 중 하나가 '무의식'이다. 그러나 무의식에 관한 개념은 프로이트가 처음 발견한 것은 아니었다.

---

24) 홍숙기(2016), 성격, 박영스토리.
25) 프로이트의 이론은 다윈의 진화론과 대응되는데, 생명보존 본능은 '생존 선택론'으로 부르는 다윈의 자연선택론과 성적 본능은 '성 선택론'과 대응된다.
26) 이승호 역(2014), 진화심리학, 웅진 지식하우스.

쇼펜하우어나 니체와 같은 철학자나 시인이나 소설가 등에 의해 무의식적 감정과 사고의 중요성에 대해 직·간접적으로 기술하였던 것을 프로이트가 '무의식'이라는 용어에 실체적인 지위를 부여했다.[27] 그는 인간의 마음속에 의식, 전의식, 무의식 세 층이 있다는 지형학적topographic 모델을 내놓았다. 이런 그의 모델은 '꿈의 해석'에서 처음 제시되었다. 이것은 성격의 구조 또는 의식의 층으로 아래 그림처럼 구성되어 있다.

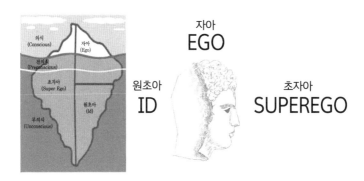

지형학, 지형학적이라는 의미는 심리장치가 여러 체계로 분화되어 있다고 가정하는 이론이나 관점, 각각의 체계는 서론 다른 특성이나 기능을 가지고 있으며, 서로에 대해 독특하게 배치되어서 그것들을 심리적인 장소 ―즉, 공간적으로 형상화된 표상을 부여할 수 있는 '심리적 장소'― 에 비유될 수 있다.

---

27) 이용승 역(2012), 상담과 심리치료 주요인물 시리즈 지그문트 프로이트, 학지사.

프로이트는 두 가지 지형학을 이야기한다.[28] 첫째로 무의식, 전
의식, 의식 사이의 구분이고, 둘째는 원초아, 자아, 초자아 이론이
다. 물리적이고 지형학적인 장소의 개념을 심리학적 차원으로 끌어
들였다는 점에서 지그문트 프로이트(2003), 정신분석학 사전, 열린책들 이런
프로이트의 생각은 흥미롭다.

또한, 그는 성격의 발달이 성적인 충족과 관련이 있다고 보았는
데 출생 직후부터 '성생활'이 있으며 관능적 감각이 예민한 부분이
처음에는 입이었다가 항문, 성기로 옮겨간다고 보았다 심리성욕 발달 5
단계. 성생활은 아주 어린 시기에 시작되어 5세 말경 절정에 도달한
다. 각 단계에서 너무 충족이 되거나 부족하면 고착이 일어나게 되
고 이 고착은 퇴행을 유발할 수 있고 지속적인 결과로 성격유형의
발달을 야기한다. 예를 들어 구강기에 고착된 구강적 성격의 경우
에는 의존－독립, 수동－능동성, 낙천성－비관론 등에서 집착이나
과장, 양면성 등이 자주 나타난다.[29]

2 │ 정신분석 개요

프로이트Sigmund Freud가 현재 통용되는 정신분석, 심리치료, 상
담에 끼친 영향력은 막대하다. 정신분석은 1930－1950년대에 가

---

28) 지그문트 프로이트(2003), 정신분석학 사전, 열린책들.
29) 홍숙기(2016), 성격, 박영스토리.

장 영향력이 있는 이론이었기 때문에 사실상 많은 이론가들은 프로이트가 고안한 방식의 정신분석 훈련을 받았다. 어떤 이론가들은 프로이트의 생각을 전적으로 부정한 반면, 많은 이론가들은 최소한 부분적으로는 인간의 발달과 성격구조에 대한 프로이트의 관점에 기초하여 자신의 생각을 발전시켰다.[30]

프로이트에 따르면 그것은 세 가지 차원으로 구분된다.

a. 어떤 주체의 말, 행동, 상징적 산물꿈, 환상, 망상의 무의식적[31]인 의미 작용을 밝히는데 본질이 있는 방법.

b. 그러한 조사를 토대로 저항, 전이, 욕망에 대한 검토된 해석을 특징으로 하는 정신 치료 방법. 정신분석을 정신분석 치료의 동의어로 사용하는 것은 이러한 의미와 결부됨.

c. 정신분석적인 조사와 치료방법이 가져온 자료들이 체계화된 심리학적이고 정신병리학적인 이론의 총체.

그렇다면, 왜 '분석'인가? 그것은 기능과 작용과 분해를 의미할 뿐 아니라, 화학자가 자연 상태의 물질을 실험실로 가져와 행하는 작업과 유사하기 때문이다. 환자의 증상과 병리적 현상은 그의 모든 심리 활동과 마찬가지로 매우 복잡하게 구성되어 있다. 환자는 그러한 기본적인 동기들에 대해 전혀 알지 못하거나 거의 알지 못한다. 따라서 매우 복잡한 심리적 형성물들의 구성을 이해하도록 가

---

30) 천성문 외 역(2015), 심리치료와 상담이론 개념 및 사례, 센게이지러닝.
31) 무의식적이라는 말은 어떤 순간에 의식의 영역에 존재하지 않는 내용전체를 내포한다(장플라슈 외(2005), 정신분석 사전, 열린책들).

르치고 증상을 그것의 동기인 욕동 행위로 돌리고 증상 속에 있는 환자에게 그때까지 몰랐던 욕동[32]의 동기를 지적해 보여준다. 그것은 마치 화학자가 다른 원소와 결합하여 알아볼 수 없게 된 소금으로부터 기본 물질, 즉, 화학 원소를 분리해 내는 것과 같다.[33] 프로이트가 뱀장어를 연구하던 의사로부터 출발하였다는 것은 이 이론을 전개하는 과정이 흡사 물리학이나 화학자가 설명하는 방식과 유사하다는 것을 보면 이해가 간다. 그는 에너지의 양은 제한되어 있고 어느 대상이나 활동에 에너지가 많이 쓰이면 그만큼 다른데 갈 에너지는 적어진다고 주장하였다. 이는 에너지보존의 법칙[34]을 떠오르게 하는데 이를테면 어떤 생각으로 불안할 때 이를 해소하면 에너지가 방출되고 해소가 되나 이를 해소하지 못하고 이 상태가 지속되면 마음속 긴장이 높아지면서 결국 폭발하게 될 수도 있다.

---

32) 욕동(instinct/drive)은 인체로 하여금 어떤 목표로 향하게 하는 압력으로 되어 있는 역학적 과정. 프로이트에 의하면 욕동의 원천은 육체적 흥분(긴장상태)으로 되어있고 그것의 목표는 욕동의 원천을 지배하는 긴장 상태를 없애는 것이며 그 목표는 대상 속이나 대상을 통해 도달할 수 있다(정신분석 사전)(＝ 추동·충동과 혼용되어 사용됨).
33) 임진수 역(2005), 정신분석 사전, 열린책들.
34) 에너지는 그 형태를 바꾸거나 다른 곳으로 전달할 수 있을 뿐 생성되거나 사라질 수 없다. 항상 일정하게 유지된다는 것이다(열역학 제1법칙).

3 치료기법

    정신분석은 치료방법으로서의 효율성보다는 인간의 마음과 세계가 어떻게 작용하는지를 밝히려는 시도가 더 중요하다고 보았다.[35]

    정신분석의 치료는 두려운 충동이나 욕구를 인정하면 마음속 증오·분노와 위험한 소망·욕구를 깨달으면, 방어[36]의 필요가 없어진다는 것이다. 그러나 치료가 간단하지 않고 몇 년씩 걸리는 일이 흔한데, 추동[37]의 억압[38] 자체에 깊은 뿌리가 있기 때문이다. 정신분석의 일차적 목표는 증상의 제거나 고통의 완화가 아닌 자아의 강화이며, 무의식적 충동을 의식하여 '나'가 조절·통제할 수 있어야 한다.[39] 치료의 기법으로는 자유연상, 꿈의 분석, 전이와 저항의 해석 등이 있다.

\# 정신분석 상담실 내부 사진

---

35) 이용승 역(2007), 상담과 심리치료 주요인문 시리즈 프로이트, 학지사.

36) 방어는 개체의 전체성과 항구성을 위험에 빠뜨릴 수 있는 것을 축소하고 제거하기 위한 작용.

37) 추동은 충동 또는 욕동이라는 말로 혼용된다. 욕동 참조할 것.

38) 억압(repression)은 욕동과 결부된 표상을 무의식 속으로 내몰거나 무의식 속에 머물게 하려는 심리작용. 프로이트는 종종 '방어'라는 용어에 가까운 의미로 사용하기도 함(정신분석 사전).

39) 홍숙기(2016), 성격, 박영스토리.

1) 전이

치료자와 내담자의 치료적 관계는 '전이'라는 개념으로 설명된다. 전이란 내담자가 과거의 중요한 인물에게 느꼈던 감정을 치료자에게 투사하는 현상으로서, 이 전이 현상의 해소가 정신분석적 치료의 핵심이다. 내담자는 신뢰와 불신, 독립과 의존, 사랑과 증오, 그 밖의 여러 가지 상반되는 감정에 대한 갈등을 회상하게 되고, 그 때의 감정들을 분석자를 대상으로 해서 재경험하게 된다. 엄격하고 권위적이었던 아버지, 혹은 매정했던 어머니에 대해 맺혔던 감정이 치료자에게 옮겨져 치료자 역시 똑같은 대상으로 보이게 된다. 전이를 이해하고 해결하기 위해서는 훈습working–though이라는 장기간의 과정이 필요하다. 훈습薰習 'Durchargeiten, working–through' 불법을 들어서 마음을 닦아가는 의미라고 한다. 이 과정을 통해 내담자는 자신의 무의식적 심리역동에 대한 통찰을 얻게 되며, 결과적으로 과거의 경험과 현재의 대인관계 문제를 이해하게 된다. 반대로 치료자가 내담자와의 관계에서 갈등을 느끼는 현상을 역전이라고 한다.[40]

영화 <굿 윌 헌팅>에서도 이런 전이 현상이 나타난다. 어려서 의붓 아버지로부터 심한 학대를 받고 자란 윌은 타인에 대해 자신도 모르는 적대적이고 공격적인 감정을 가지고 있다는 것을 의식하지 못한 채 하루하루 살아간다. 그의 공격성은 친구들과 어울려 다니

---

40) 이장호·이동귀(2017), 상담심리학, 박영스토리.

면서 벌어지는 잦은 패싸움으로 드러난다. 그것은 일종의 전위_{또는} 대치 방어기제⁴¹⁾에 해당한다고도 볼 수 있다. '종로에서 뺨 맞고 한 강에서 눈물 흘리기'와 같이 상대적으로 만만한 대상에게 분노를 표출한다. 그러던 중 만난 상담자들에게도 그는 예외없이 자신의 분노를 표출한다. 상대방의 약점을 비웃거나 비아냥거림으로써 상담자들의 자존심을 건드리거나 상처를 주는 행위를 하면서 묘한 쾌감을 느낀다. 윌은 숀이 아내와 사별 후 고통스러워한다는 것을 직감하고 이를 건드림으로써 숀의 분노를 유발한다. 윌에게 아버지 뻘되는 남자 상담자는 권위적이고 이기적이고 폭력적인 대상으로 공포와 분노의 대상이며, 이는 인간에 대한 근본적인 불신으로 연결된다. 그가 고아원 친구들 외에 다른 사람들과 돈독한 관계를 맺지 못하는 것은 이런 맥락과 일치한다.

2) 자유연상

프로이트는 초창기에 환자의 잊혀진 기억과 관련된 감정을 복구하기 위해 자기 최면_{mes merism} 혹은 최면법_{hypnosis}을 시도하였다. 하지만 환자들 중에는 최면법을 사용하기에 적합한 경우도 있었지만, 많은 환자들이 쉽게 최면에 걸리지 않았다.

---

41) 방어 기제 (防禦機制) 스스로를 방어하기 위하여 자동적으로 취하는 심리적 적응 행위. ex. 대표적 방어기제로 억압, 투사 등이 있다.

프로이트는 환자에게 최면을 거는 대신 "검열 없이 마음에 떠오르는 모든 것을 말하도록" 격려하기 시작했다. 이것이 정신분석의 기본 기법 중 하나인 자유연상의 기원이다. 자유연상을 할 때 환자들은 자기 비판 기능을 유보하고 의식 가까이 떠오르는 공상, 이미지, 연상, 감정들을 말로 표현하도록 격려받는다.42)

자유연상은 "잔잔히 떠있는 주의력"이라고도 하는데 자유연상 과정에서 나오는 기억들은 서로 무관해 보이지만 의식의 심층, 어린 시절의 경험과 사건들로 내담자와 분석가를 데려가주는 중요한 단서들이 된다. 꿈은 정신분석의 중요한 재료로서 증상들처럼 꿈도 위장된 소망 충족이다. 꿈속의 인물, 사건, 장소 등에 대해 자유연상들이 나오면서 잠재적 꿈, 생각 즉, 무의식적 소망을 표현하는 숨은 의미가 점점 드러나게 된다.43)

예전에 한 내담자가 꿈 이야기를 하였다. 고등학교 시절로 돌아간 꿈이었는데 시험을 보기 위해 준비하던 내용이라고 하였다. 그러면서 "이제 새삼스럽게 시험을 볼 일이 없는데"라며 왜 이런 꿈을 꾸었는지 궁금해 하였다. 시험이라는 것이 단순히 테스트의 개념도 있지만 시험보기 전에 긴장이나 떨림 같은 것은 어쩌면 새로운 무언가를 시작할 때의 느낌과도 비슷한 것이다. 그래서 뭔가 새롭게 시작하려고 하는 것이 있는지를 물었더니 그렇다고 한다. 프로이트는 꿈을 무의식에 이르는 왕도라고 하였는데, 그 이유는 꿈을 분석함

---

42) 안명희·신지영 공역(2016), 정신분석과 정신분석적 심리치료, 박영스토리.
43) 홍숙기(2016), 성격, 박영스토리.

으로써 내담자의 무의식적 소망 등을 들여다 볼 수 있기 때문일 것이다. 그런데 왜 꿈은 이해할 수 없는 내용들로 구성된 것일까? 그 이유는 무의식이 의식화되는 과정에서 의식의 검열을 피하기 위해서라고 설명한다. 뭐 그럴듯한 설명이다.

3) 저항

프로이트는 환자들이 자유연상에 대한 지시를 늘 따르지 못한다는 것을 발견하였다. 어쩌면 이는 필연적인 것이었는지 모른다. 이것은 저항이란 개념의 발전으로 이어졌는데, 저항은 처음에는 환자가 규정된 방식으로 치료자와 협력하는 것을 꺼리거나 할 수 없는 것으로 개념화되었다. 프로이트는 처음에 의사로서의 권위를 사용해 환자가 자기검열을 피해서 마음에 떠오르는 것을 말하도록 격려하는 방식으로 저항을 다루었다. 이후에는 저항에 대해 치료적 탐색을 하는 것이 중요한 치료적 과제라고 믿게 되었다.[44)]

치료과정에서 무의식이 의식화되는 과정을 방해하는 내담자의 모든 태도나 행동을 저항이라고 할 수 있고 대표적인 것이 잦은 지각이나 불필요한 신변잡담을 늘어놓는 것 등이 이에 해당한다. 상담가는 저항이 일어나고 있음을 알아차리고 이를 해석해 주어야 한다.

---

44) 안명희 · 신지영 공역(2016), 정신분석과 정신분석적 심리치료, 박영스토리.

4) 해석

정신분석에서의 해석은 자유연상이나 꿈·저항·전이 등을 분석하고 그 속에 담긴 행동상의 의미를 내담자에게 지적하고 설명하는 기본적 절차이다. 해석을 통하여 내담자는 의식하지 못했던 자료들을 분명히 이해할 수 있게 된다. 해석을 하려면 먼저 시기적으로 적절한지의 여부를 따져야 하고 내담자가 소화해 낼 수 있는 정도까지 해야 하며 마지막으로 저항이나 방어에 깔려 있는 무의식적 감정 및 갈등을 해석하기에 앞서 그 저항과 방어가 어떻게 나타나고 있는지를 먼저 지적해 줄 필요가 있다.[45]

통상 표면적인 것에서부터 심층적인 것으로 해석하며 방어나 저항을 무의식적 충동들에 앞서 해석한다. 그 이유는 내담자가 준비되어 있지 않을 때 심층적이고 무의식적 충동을 해석하면 자칫 반감과 저항을 살 수 있기 때문이다. 적절한 시기에 적절한 해석을 하게 되면 내담자는 지금까지 의식하지 못했던 증상이나 행동의 의미, 무관하다고 생각했던 일들의 관련성을 깨닫게 되는데 즉, '통찰'[46]이 일어나게 된다. 이 통찰은 가슴을 치는 강한 감정이 따르는 체험이다. 따라서 한번에 쉽게 되는 것이 아니다. 수년 전에 필자가 'burn out에너지가 소진되어 버림'되어 천정을 바라보고 누워 있었을 때

---

45) 이장호·이동귀(2017), 상담심리학, 박영스토리.
46) 통찰(insight)은 과거의 경험에 의존하지 않으면서 문제를 해결하는 문제해결이나 학습의 원리를 말함. 심리치료에서 통찰은 자신의 심리적 문제에 대한 인식과 깨달음의 의미가 있다.

가 있었다. 몇 날 며칠을 그렇게 천정만 쳐다보고 있는데 가슴은 답답하고 짜증이 밀려왔다. 그 이유를 모르는 것은 아님에도 지친 마음이 잘 달래지지 않았다. 그러던 어느 날, 나도 모르게 이런 말이 튀어나왔다. "너무 힘들다, 너무..." 이 말이 나옴과 동시에 두 눈에서 눈물이 주룩 흘러내렸다. 나는 내 마음을 안다고 생각했지만, 어느 정도 힘든지는 몰랐던 것이다. 그제서야, 내가 얼마나 힘들고 괴로웠는지를 정확히 깨달았다. 그리고 나서야 자리를 털고 일어설 수 있었다. 이렇게 통찰을 하고 나서 의식화되었을 때 이를 의식에 통합하는 작업을 해야한다.

인간중심

"상담자는 창조자가 아닌 산파가 되어서

모든 결정과 판단의 권리를 내담자에게 맡긴다" -로저스(C. Rogers)

1 칼 로저스

인간에 대해 잘 알고 있다는 생각은 오만이다. 가까운 사람이든 검사나 상담을 받으러 오는 사람이든 내가 그들에 대해 아는 것은 일부일 뿐이다. 그리고 유명한 심리학자에 대해서도 내가 알고 있고 이해하고 있는 부분은 극히 제한적이라는 사실을 깨닫게 된다.

\# 출처: 구글(www.google.co.kr)

로저스는 상담심리학에서 매우 중요한 위치를 차지하고 있는 학자이며 상담가이고 그의 이론은 심리 관련 종사자들에게 널리 알려져 있음에도 불구하고 지금까지 내가 그의 이론을 제대로 이해했는가하는 생각이 든다.

로저스Carl Ransom Rogers, 1902~1987와 메슬로우Abraham Maslow 1908-70 는 인본주의를 대표하는 심리학자라고 할 수 있다. 인본주의humanism 는 인간의 존엄성과 가치, 자기 실현과 성장의 역량을 강조한다. 메슬로우는 인본주의를미국 심리학의 '제3세력'이라고 하였으며, 정신분석학의 비관론과 행동주의의 기계적 인간관을 반대하며 성장, 자기 실현, 창의성, 사랑 같은 주제들에 관심을 두었다.

통상적으로 메슬로우는 인본주의가 로저스에는 현상학이라는 이름이 붙는다. 현상학은 '지금 여기'의 주관적 체험, 의식현상지각, 사고 등을 강조하는 철학의 한 분야이다. 현상학적 견해에서 인간은 과거 경험, 무의시적 충동들, 객관적 환경의 노예가 아니라 중요한 것은 '지금 여기'서 의식하는 경험들이며 주관적지각된 환경이다.[47] 메슬로우는 결핍 및 자기 실현 욕구, 인간 동기에 집중하였고 로저스는 주관적 체험과 성장잠재력을 보다 강조하였다. 본서에서는 로저스의 이론을 중심으로 살펴보고자 한다.

로저스는 종교적이고 엄격하면서도 사랑이 있는 미국의 가정에서 태어났다. 컬럼비아 대학에서 임상 및 교육심리학으로 1931년에 박사학위를 받은 그는 프로이트의 역동적인 견해와 과학적이고 객관적인 견해를 모두 받아들였다. 그는 상담 테이프를 공개하여 치료과정이 과학적이고 객관적으로 연구될 수 있도록 기여한 최초의 심리학자[48]이며, 상담심리학과 교육에 가장 많은 영향을 끼친 학자 중의 한 사람이다.

---

47) 홍숙기(2016), 성격, 박영스토리.
48) 홍숙기(2016), 성격, 박영스토리.

그가 활동하던 당시 미국 내의 대부분의 심리치료는 어떤 의미에서 '치료자 중심'이었다고 할 수 있다. 이런 분위기에서 로저스는 '내담자 중심치료'를 개척하였다. 칼 로저스1902-1987는 매슬로우Maslow의 주요 가정들에 동의하였으나 한 인간이 "성장"하기 위해서는 사람에게 진정성genuineness, 개방성과 자기 개방, 수용무조건 긍정적으로 보임, 공감경청과 이해을 제공하는 환경이 필요하다고 덧붙였다. 이러한 것들 없이 관계와 건강한 인격은 성장하지 않을 것이다. 마치 햇빛과 물 없이 나무가 자랄 수 없듯이. Rogers는 모든 사람이 인생에서 자신의 목표, 희망 및 소망을 성취 할 수 있고 그들이 그것을 이루었을 자기 실현을 할 수 있다고 믿었다. 이것은 칼 로저스가 심리학에 기여한 가장 중요한 공헌이었다.49) 또한, 상담자가 진실하게 있는 그대로 존재하며 가면이나 가식 없이 내담자와 인간관계를 맺을 때 상담이 훨씬 더 효과적일 수 있다고 말한다.

처음에는 로저스의 상담 이론을 "비지시적non-directive" 상담이라고 불렀으나, 1951년 Client-Centered Therapy가 발간되면서 "내담자 중심client-centered"이라는 용어를 사용하였다. 1974년 이후 로저스와 그의 동료들은 "인간중심person-centered"이라는 용어가 인간의 가치에 대해 보다 적절히 설명한다고 생각하고 "내담자 중심"에서 "인간 중심"상담으로 부르기 시작하였다.50)

---

49) McLeod, S. A.(2014). Carl Rogers. Retrieved from
www.simplypsychology.org/carl-rogers.html.
50) 김미경(2002), 로저스의 인간중심 상담에서 '진실성'의 의미, 연세대학교
대학원 교육학과 석사학위논문.

그의 이론을 이해하기 위해서는 먼저 현상학에 대해 이해할 필요가 있다.

2 인간중심 상담 개요

로저스의 이론을 현상학적이라고 부르는 이유는 그가 의식현상, 즉 '지금 여기'의 체험을 강조했기 때문이다. 체험의 주체는 유기체이다. 의식하거나 의식하지 못하는 체험들의 체제는 현상학적 장을 형성하며 그 개인에게는 '객관적' 현실이 아니라 현상적 장이 주관적 현실이 되어 생각과 행동에 영향을 미친다.[51]

현상학現象學/phenomeology의 사전적 의미는 다음과 같다.

'현現'은 나타나다, 나타내다의 뜻이며 '現世'의 준말. '상象'은 코끼리 또는 그림의 뜻이 있다. '현상現象' 관찰 할 수 있는 모양이나 상태 또는 본질이나 객체의 외면에 나타나는 상을 말한다. '현상학은 경험적 현상을 다루는 학문으로 선험적 환원을 거쳐 얻어진 순수 의식을 그 본질에서 연구·기술하는 학문'으로 정의 된다. 전술한 바와 같이 현상학은 '지금 여기'의 주관적 체험, 의식 현상지각, 사고을 강조한다.

현상학은 오스트리아 태생 독일의 철학자 에트문트 훗설Edmund Husserl, 1859~1938에 의해 발전되었는데 그는 '사상事象 자체로'를 중

---

51) 홍숙기(2016), 성격, 박영스토리.

시하였는데 이는 개념적 전제를 벗어던지고 그 현상을 충실히 기술
하려는 시도를 의미한다.

로저스는 개인 개인마다 드러나는 현상은 그들에게 있어서는 현
실이며, 그것은 개개인마다 다를 수 있으며, 한 개인에게 있어서도
여러 가지 상황에 따라 언제나 변화 가능한 것으로 본다. 그는 인간
은 그들이 개별적으로 경험하고 지각한대로의 현실에 행동하고 반
응한다는 것을 강조한다. 그리고 현상학적 장은 그 핵심 요소로서
자기자신이 누구인지와 자신의 이미지에 대한 감각이다.

현상학적인 장(場:field52)은 배경과 전경이 끊임없이 교차하는 곳
이다. 한 순간에 전경이 되었던 것이 다음 순간에는 배경이 될 수 있
다. 현상학적 장이야말로 그 사람에게 있어서는 유일한 현실이다.
즉, 이러한 개인의 현상학적 장이 개인이 지금－여기서 반응할 수
있는 유일한 현실이 되는 것이다. 따라서 로저스는 개인의 행동은
어떤 행동이든 지각된 대로 그 현실에 적합하다고 본다.

이처럼 로저스는 자기 자신의 경험에 명확해질 수 있을 때에 비
로소 한 개인은 진실로 그리고 충분히 타인과 관계할 수 있다고 믿
었다. 자신의 경험에 명확해진다는 것은 지금 현재 자신이 보고, 듣
고, 생각하고, 느끼는 것이 무엇인지를 정확하게 알고, 자신이 체험
하는 그대로를 인정하고 수용한다는 것이다. 그리고 내 자신을 신
뢰하고 진정으로 수용할 수 있어야, 타인과의 관계에서도 충분히

---

52) 장(場 : 마당, field)은 물리학의 개념을 형태심리학자들이 지각현상을 설
　　명하기 위해 가져온 개념임.

타인을 신뢰하고 수용할 수 있음을 말하는 것이다.

나의 경험이 주가 된다는 것은 여타의 외적인 기대나 외적인 요구, 외부적인 가치들보다도 나의 유기체의 경험이 우선하고 그것을 신뢰한다는 것을 의미한다. 내 자신의 경험을 가장 믿을만한 것으로 간주한다는 것은, 인간 유기체의 가치판단을 신뢰하고 그것에 따른다는 것을 말한다.

로저스의 현상학적 이해는 인간을 이해함에 있어서 개개인의 현실을 있는 그대로 수용하고 존중할 수 있는 태도로 연결됨을 알 수 있다. 진실로 수용하고 인정하지 못하면서 겉으로만 이해하고 수용하는 척하는 것은 다양한 개인의 현실들을 받아들이는 자세라고 볼 수 없다. 또한 내 자신이 경험하고 느끼는 다양한 '현실들'을 먼저 이해하고 수용할 수 있어야 타인에 대해서도 진실된 수용과 존중과 이해가 가능한 것이다. 부정적인 감정들까지도 인정하고 수용할 수 있는 것은 도덕적인 가치 판단에 의한 것이 아니라 유기체적인 가치 판단에 대한 긍정적인 믿음을 통해서만 가능하다.53)

로저스가 가정하는 유일한 동기는 실현경향성이다. 순간 순간의 체험들은 실현경향을 준거로 좋고 나쁨이 평가되는데 이를 유기체 평가과정이라고 한다.

체험, 즉 현상적 장의 일부가 '나'와 연결되는 자기체험들이 조직화되어 결국 자기자기 개념, 자기 구조를 구성한다. 로저스의 이론에서

---

53) 김미경(2002), 로저스의 인간중심 상담에서 '진실성'의 의미, 연세대학교 대학원 교육학과 석사학위논문.

성숙과 적응의 지표는 자기와 유기체가 일치하는 정도이다. 중요한
점은 타인들에게 사랑받고 인정받고 싶다는 욕구가 생기며 이 긍정
적 존중 욕구가 유기체 평가 과정보다 더 중요해질 수 있다.

자기가 발달하면서 자기 스스로를 사랑하고 인정하고 싶다는 자
기존중 욕구가 생긴다. 자신을 인정하는데 조건을 붙이게 되면 가
치 조건이 생겨난다. 반면, 무조건적 긍정적 존중을 받는다면 조건
없이 자기를 수용하게 된다.

자기와 불일치하는 체험은 위험으로 받아들여져서 불안을 가져
온다. 자기개념에 맞지 않는 체험들은 의식되지 않거나 왜곡하여
지각되고 자기-체험 일관성을 유지하기 위해 방어를 하게 된다.
로저스는 심리적으로 건강한 사람을 충분히 기능하는 사람이라고
부르고 체험 개방성, 실존적 삶, 신뢰, 자유롭다는 느낌, 창의성 등
다섯 가지 특성으로 서술하였다.[54]

---

3 │ 치료기법

인간중심의 접근은 칼 로저스Carl Rogers에 의해 창시된 심리치료
법으로 인간에게는 스스로 자신의 길을 발견하고 성장해 나갈 수
있는 잠재능력이 있다는 것이 이 치료법의 기본철학이다. 따라서
인간중심의 접근에서 상담자의 역할은 내담자가 자신의 문제 해결

---

54) 홍숙기(2016), 성격, 박영스토리.

능력을 스스로 되찾고 인간적인 성숙을 기할 수 있도록 도와주는 것이다.

로저스식 심리치료는 이론이나 기법보다 치료자의 태도, 치료자 −내담자 관계를 중시한다. 치료자가 자기−체험이 일치하여 진실하고 내담자를 무조건적으로 수용하고 존중하며 감정이입적으로 이해하면 그런 관계 또는 분위기 속에서 내담자는 스스로 문제 해결의 길을 찾고 충분히 기능하게 된다.[55]

1) 치료 목표

상담자는 상호 신뢰적인 분위기를 조성하여 내담자가 거리낌없이 자기를 공개하도록 함으로서 자신의 내면세계를 이해하고 자신의 문제를 파악할 수 있도록 돕고 내담자가 환경에 대한 자신의 왜곡된 지각을 수정하고 현실적 경험과 자아개념 간의 조화를 이루며 능력과 개성을 최대한 발휘하는 자기실현을 촉진하게 된다.

2) 상담자의 태도

내담자에게 중요한 영향을 주는 것은 치료자의 지식이나 이론 · 기법이 아니라 내담자에 대한 상담자의 태도이다. 상담자는 내담자와 인간 대 인간으로서 친밀한 관계를 유지하면서 내담자의 성장을

55) 홍숙기(2016), 성격, 박영스토리.

촉진하는 치료적 분위기를 조성한다. 이러한 허용적 분위기 속에서 내담자는 방어적 태도를 버리고 자기 자신을 솔직하게 탐색하게 되며 이런 과정을 통해서 자기 이해가 깊어지게 된다. 상담관계의 핵심은 상담자의 세 가지 촉진적 태도로 그것은 솔직성, 무조건적 긍정적 존중, 공감적 이해이다.[56] 이러한 순서로 제시한 데에는 중요한 논리가 있음을 다음과 같이 밝히고 있다.

"우선 치료자는 확실하고 정확한 공감을 해야 한다. 그러나 타인의 매 순간 순간의 '존재'에 대한 깊이 있는 민감성이 치료자가 우선 타인을 수용하고, 어느 정도 존중할 것을 필요로 한다. 이는 즉, 충분히 영향력 있는 공감은 상당한 무조건적 긍정적 존중 없이는 거의 일어나지 않는다는 것이다. 그러나, 이들 어떤 조건들도 그 관계가 진실하지 않을 때에는 의미가 없기 때문에, 치료자는 이러한 관점에서 치료적 관계 속에서 통합적이고 진실해야 한다. 따라서 나는 이 세 가지 조건들 중에서 진실성 혹은 일치성이 가장 기본이라고 생각한다."[57]

---

56) 이장호·이동귀(2017), 상담심리학, 박영스토리.

57) 김미경(2002), 로저스의 인간 중심 상담에서 '진실성'의 의미, 연세대학교 대학원 교육학과 석사논문(재인용).

(1) 진솔성

위의 장면은 숀이 윌을 밖으로 불러내어 자신의 이야기를 하는 장면이다. 숀은 허심탄회하게 자신의 아내가 죽은 이유와 그동안 있었던 이야기를 진솔하게 이야기한다. 물론, 자신의 이야기를 하면서 숀은 거침없이 윌을 비난하는데, 윌을 '재능은 있지만 오만한 어린아이'라고 말하며 윌이 스스로 자신의 이야기를 하는 것을 두려워하고 있음을 꼬집는다. 이런 장면은 상담의 첫 회기로써는 다소 부적절 할 수 있다. 아직 신뢰 관계가 형성되지 않은 상태에서 내담자는 이런 상담자의 태도가 공격적이라고 느껴질 수 있기 때문이다. 그러나 중요한건 그의 솔직하고 진정성 있는 태도가 윌에게 전달되었다는 점일 것이다. 숀은 윌에게 상담을 할지 여부를 결정하라고 말하고 자리를 떠난다.

상담자의 자기 개방은 내담자와 신뢰관계를 맺는데 중요한 요소 중 하나이다. 숀의 진솔한 태도에 윌도 마음을 열게 되고 상처를 가진 두 사람은 묘한 지점에서 공감대를 형성하게 된다.

Rogers는 상담자의 세 가지 태도 중에서 가장 기본이 되는 것은 진솔성 또는 일치성congruence이라고 주장한다. Rogers가 말하는 일치성은 진실성, 실제성, 투명성, 진정성 등의 용어로 사용하고 있고

각각 미묘한 차이가 있으나 대부분 비슷한 의미로 사용되고 있고 일
치성은 자신을 상대에게 솔직하게 개방하고 투명한 모습을 보이는
것이다. 상담관계에서의 일치성이란 상담자가 전문가의 역할 뒤에
자신을 숨기지 않고 상담관계에서 있는 그대로의 모습을 보이는 것이
다.

　그런데, 이런 모습을 보이는 것은 결코 쉬운 일이 아니다. 인간은
누구나 사회적인 가면심리학자 융의 용어로 말하면 '페르조나'을 쓰고 살아
간다. 상담자는 상담자로서의 가면을 쓰고 살아가는 것일 수 있다.
그의 개인적인 삶과 상담자로서의 삶이 완전히 일치한다는 것은 불
가능하다. 영화 <프라임 러브>에서 상담가는 한 여성을 상담하게
된다.

상담장면

이 여성은 이혼한지 불
과 일주일정도 지났고 그로
인한 상실감과 충격에서 벗
어나지 못한 상태였다. 다
시 새로운 삶을 살 수 있을
지 앞으로 어떻게 살아가야
할지 모르겠다는 그녀의 말을 듣고 상담가는 앞으로 새로운 삶이 펼
쳐질 것이라고 그녀를 독려한다. 그리고 나서 놀랍게도 그녀는 새
로운 사랑을 시작하게 되고 행복감에 젖어 상담자를 찾아온다. 상
담가는 그녀를 축하해주며 함께 기뻐해 준다. 그러나 얼마 지나지
않아서 그녀가 만나는 연하의 남자가 자신의 아들임을 알게 되고 충

격에 빠진다. 상담을 지속하는 것이 맞는 것인지 아닌지. 그러는 한편으로는 엄마의 입장에서 자신의 아들의 여자친구가 나이 많은 이혼녀라는 사실을 받아들이지 못하고 자신의 아들에게는 현실을 직시하도록 요구한다. 즉, 상담자로서의 모습과 평범한 엄마로서의 모습에서 그녀는 갈등을 느끼게 된다. 결국 그녀는 자신이 진정성 있게 내담자를 대할 수 없다고 판단하고 이런 사실을 내담자에게 말하고 상담을 종결한다.

(2) 무조건적 존중과 수용

성실한 나라의 앨리스

감독: 안국진
출연: 이정현, 이혜영, 서영화, 동방우

2014년 개봉한 영화 <성실한 나라의 앨리스>는 성실하게 일하면 일 할수록 삶이 힘들어지는 아이러니한 현실을 보여주는 영화이다. 주인공은 이런 자신의 신세를 한탄하며 상담사를 찾아간다. 그러나 이 영화에 등장하는 상담사는 자신의 사리사욕을 위해 상담을 하는 사람으로 나온다. 자신을 찾아온 내담자가 울면서 이야기를 하자, 상담사는 짜증스러운 표정으로 내담자에게 감정을 추스르고 이야기할 것을 요구한다. 너무 감정적이어서 상담을 할 수가 없다는 이유였다.

패치 아담스

감독: 톰 새디악
출연: 로빈 윌리엄스

영화 <패치 아담스>에서 주인공은 자살시도를 하다가 스스로 정신병원에 입원한다. 그러나 그가 경험한 정신병원 생활은 생각했던 것하고는 달랐다. 담당 의사는 사무적으로 환자들을 대할 뿐 그들의 소리에 귀기울여주지 않는다. 그러던 어느 날, 같은 방을 쓰던 동료가 환각을 경험하면서 화장실에 못 가는 상황에서 그는 그의 이야기를 진심으로 동조해주고 반응해주자 신기하게도 그는 그의 반응에 따라 화장실을 가게 된다. 동료의 행동에 영감을 얻은 그는 스스로 훌륭한 정신과 의사가 되기 위해 정신병원을 나와 의대에 진학하게 된다.

상담은 우리가 살면서 경험할 수 있는 다양한 문제들을 해결하고 예방하며 보다 건강함을 위해 이루어져야 한다. 기본적으로 관련분야를 전공하고 전문적인 지식을 갖추어야 하며, 전문가가 되기 위

한 훈련을 받고 관련된 충분한 경험을 쌓아야 하고 무엇보다 더 중요한 것은 인간에 대한 관심과 존중이 있어야 한다. 그러나 말이 쉽지 상대를 묻지도 따지지도 않고 그대로 존중하고 수용하며 상대를 평가하거나 판단하지 않고 볼 수 있다는 것이 결코 쉬운 일이 아니다. 상담자는 끊임없이 자신이 내담자를 평가하고 판단하고 있지는 않은지 자신이 그를 진심으로 수용하고 있는지를 점검할 필요가 있다.

영화 <성실한 나라의 앨리스>의 상담사는 내담자에게 감정을 추스를 것을 요구한다. 너무 감정적이면 상담을 할 수 없다는 이유였다. 그러나, 상담가는 내담자가 안전하게 보호된 상태에서 자신의 감정을 자연스럽게 표출하도록 도와야 하며 수용하고 존중하며 공감해주어야 한다.

영화 <패치 아담스>에서 주인공은 자신이 입원했던 정신병원의 같은 방을 쓰던 동료가 환각을 경험하면서 화장실에 못가는 상황에서 그는 그의 이야기를 진심으로 동조해주고 반응해주자 신기하게도 그는 그의 반응에 따라 화장실을 가게 된다.

동료의 행동에 영감을 얻은 그는 스스로 훌륭한 정신과 의사되기 위해 정신병원을 나와 의대에 진학하게 된다. 그는 환자들의 눈높 이에서 소통하고자 한다. 아이들에게는 아이들이 좋아할 만한 행동 을 보여주기도 하고 우스꽝스럽게 보이는 행동도 서슴치 않는다.

이 영화에서 주목해서 보아야 할 부분은 정신과 의사가 환자를 단순한 환자로서만 대하는 것이 아니라 상대방의 입장에서 수용해 주면서 따뜻하게 대하고 진솔하게 대할 때 환자들이 어떻게 변화하 는지를 보여준다는 것이다. 이러한 그의 노력은 환자들에게 친밀감 을 주고 혼자가 아니라는 느낌을 줌으로써 끈끈한 치료적 동맹이 형 성되도록 만드는 장면들이 나온다.

4 │ 공감

　영화 <굿 윌 헌팅>에서 윌이 자신이 학대 받았던 일을 숀에게 이야기하며, 윌은 괴로워하고 숀은 윌에게 "너의 잘못이 아니야" 라고 한다. 몇 번이고 "너의 잘못이 아니야" 라고 말하는 숀에게 윌은 그의 품에 안겨 처음으로 뜨거운 눈물을 흘린다. 이 장면은 숀이 상담자로서 보여주는 수용적이면서도 공감적인 태도라고 할 수 있다. 공감은 동정이나 동일시와는 구분되어야 하며 내담자의 입장으로 생각하고 느끼되 상담자 본연의 자세는 유지해야 한다. 그러면서 한편으로 상담자가 내담자의 감정을 공감하고 있음을 내담자에게 전달할 때 내담자는 자신이 이해되고 있다는 느낌을 갖게 된다.[58]

네 잘못이 아냐

　영화에서는 다소 극적으로 표현되고 있는데, 눈물을 보이는 윌에게 다가가 숀이 반복해서 "너의 잘못이 아니야"라고 말하는 것은 처음에는 강요처럼 들린다. 그런 숀을 윌이 강하게 밀쳐내며 "화나게 하지 말라"고 하지만, 이에 굴하지 않고 숀은 다시 "너의 잘못이 아니야"라고 말한다. 같은 말이지만, 이 말에는 '나는 너를 충분히 이

58) 이장호·이동귀(2017), 상담심리학, 박영스토리.

해하고 있고 너의 고통을 충분히 공감한다. 그러니 자책하지 않아
도 된다'라는 의미가 내포되어 있는 것처럼 들린다. 다만, 내담자가
충분히 준비되지 않은 상태에서 상담자가 앞서나가서는 안되며, 스
킨쉽을 함부로 해서도 안 된다. 위의 경우 두 사람의 신뢰가 형성되
었기 때문에 가능한 일이라고 볼 수 있다.

영화 <프라임 러브>에서는 본의 아니게 내담자와 상담자가 이중
관계가 되면서 상담이 조기에 종결되기에 이른다. 로저스가 말하는
진솔성이나 무조건적 수용과 공감은 각각 별개의 것이 아니라 서로
연동되어 있기 때문에 이들 중 어느 것이라도 충족되지 않는다면 상
담은 진행되기 어렵다는 것이다. 다시 말해서 <프라임 러브>의 상
담자는 비밀을 갖게 되면서 진솔하게 내담자를 대할 수 없게 되었고
상담자와 엄마라는 역할에서 갈등을 느끼면서 내담자를 있는 그대로
수용하기가 어려워졌고 내담자의 심리나 상황에 대해 공감을 해줄 수
도 없었다. 그녀는 내담자의 이야기를 겉으로는 수용하는 듯 들어주
고 있었으나 그녀가 자신의 아들과 연애를 하고 있다는 얘기를 들으
면서 시시각각 얼굴표정이 바뀌고 불안해하는 모습을 보여준다. 따라
서 그녀가 상담을 종결하기로 결정한 것은 당연한 선택일 수 있다.

프라임 러브 이미지

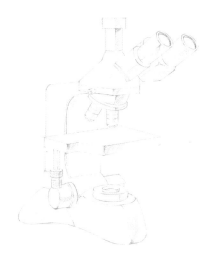

행동주의

"행동주의자들이 생각하는 심리학은 순수 객관주의적 실험에 근거하는 자연과학의 분과학문이다. 그리고 그것의 이론적 목적은 행동을 예견하고 통제하는 것이다." - John B. Watison(1913) -

1 존 왓슨

1900년 초반, 존 왓슨은 기능주의, 구성주의, 정신 역동이론 등이 모두 과학적인 측정이 어려운 마음을 다루려고 하기 때문에 심리학을 발전시키는데 한계가 있다고 보았다. 그는 내성법59)은 너무 주관적이며 불분명하고 실용적이지 못하다고 보았다. 이런 방법으로는 과학적인 측정은 어려울 수밖에 없다.

출처: 구글(www.google.co.kr)

---

59) 내성법은 생각이나 욕망, 느낌 등을 자기 스스로 내적으로 들여다보고 언어로 보고하는 방법.

과학적이라는 의미는 과학적인 측정 방법을 채택하고 그것을 통해 신뢰할 수 있는 결과물을 얻어내는 것을 말한다.

그는 인간을 이해하기 위해서 연구란 관찰이나 측정이 가능하고 설명이 가능해야 한다고 주장하였고 1913년 논문을 발표했는데 그것이 바로 '행동주의behaviorism심리학' 이론이었다. 원인이 되는 자극stimulus : S과 결과가 되는 반응response : R 사이의 관계로 설명했기 때문에 행동주의 심리학을 'S-R 심리학' 또는 'S-R 접근방법'이라고 부르는 것이다. 그러나 단순히 행동을 자극과 반응의 관계로 설명하려는 차원에서 끝나지 않고 행동의 이해나 예측, 수정도 가능해지면서 심리학은 과학적인 학문으로 거듭날 수 있었다.

행동주의적 상담은 인간행동의 원리나 법칙을 설명하는 학습이론에 근거한다. 바람직한 행동뿐 아니라, 잘못된 행동도 학습되었다고 보고 학습원리에 의해 바람직한 행동으로 학습시키고자 한다. 따라서, 부적절한 행동을 소거하고 바람직한 행동을 학습시키는 기법들이 주로 실시된다.[60)]

2 행동주의 개요

행동주의적 접근의 특징은 다음과 같다.

• 과거나 미래보다 현재의 구체적인 행동을 강조한다.

---

60) 박소진(2017), 인지행동치료의 모든 것, 학지사.

- 상담과정은 바로 교육과정이다.
- 개개인에게 가장 적절한 기술을 사용한다.
- 실험에 의해 상담 기술을 개발한다.
- 과학적인 방법을 사용한다.

　행동주의는 잘못 학습된 행동을 바람직한 행동으로 재학습시키기 위해 학습이론을 활용하는 치료기법인데, 여기에서 중요한 개념이 바로 '강화'이다. 강화는 바람직한 행동의 증가를 위해 사용되는 보상을 말한다. 보상의 예로는 맛있는 음식, 칭찬 등이 대표적이다.

1) 강화

　강화는 어떤 행동을 증가하는 것을 목표로 하는데 쉽게 '보상'의 의미로 이해하면 좋을 것 같다. 강화에는 정적강화와 부적강화가 있다. 정적강화는 자극을 제시함으로써, 예를 들면 칭찬을 해줌으로써 어떤 행동을 증가시키는 것이고 부적강화는 싫어하는 어떤 자극을 제거해줌으로써 어떤 행동을 증가시키는 것이다. 이 부적강화는 흔히 '처벌'과 비슷한 개념으로 오해되기도 하는데 처벌은 어떤 행위를 감소시키는 것이 목표이기 때문에 혼동해서는 안 된다.

── 강화의 종류

　　정적강화(positive reinforcement) : 자극 제시로 행동 증가
　　부적강화(negative reinforcement) : 혐오자극의 종결이나 회피로 행동증가
　　· 도피행동(escape behavior) : 도피행동으로 이미 존재하고 있는 혐오자

극의 종결
- 회피행동(avoidance behavior) : 혐오자극이 예상될 때 회피행동으로 혐오 자극의 출현 방지

<굿 윌 헌팅>의 윌은 입양과 파양 그리고 학대를 받으며 심리적으로 불안하고 우울하며 분노감이 내재되어 있다. 그런 그에게 따뜻한 말 한마디가 상당한 위로와 지지가 될 것이며 강화인이 될 것이다. 그가 무슨 말을 하든 상담자는 미소를 머금고 묵묵히 들어준다. "아 그랬구나..." "좋았겠네" "훌륭한데" 등의 말은 한번도 이런 지지를 받아보지 못한 사람들에게는 엄청난 진가를 발휘한다. 윌에게 가장 중요한 강화는 무조건적이고 긍정적인 존중과 수용이라고 할 수 있다.

2) 강화계획(reinforcement schedule)

강화에는 연속적 강화와 간헐적 강화가 있다. 연속적 강화는 말 그대로 어떤 행위가 있을 때마다 강화가 주어지는 것이다. 아버지의 구두를 닦을 때마다 100원씩 용돈을 받기로 했다면 그리고 그때마다 용돈을 받는다면, 구두를 닦는 행위가 증가할 것이다. 그러나, 어느 날부터 구두를 닦아도 용돈을 주지 않는다면, 구두를 닦는 행위는 점점 줄어들다가 결국은 소멸할 것이다. 이것을 '소거'라고 한다. 강화계획은 강화가 잘 일어나도록 취하는 조치를 말한다. 경우

에 따라 효과를 극대화하기 위해 연속강화 또는 간헐적 강화를 사용할 수 있다. 아래 표를 참고하시길 바란다.

강화계획		정의	예	반응
연속강화 (CRF: continuous reinforcement schedule)		반응할 때마다 강화	구두를 닦을 때마다 100원씩 주기	빠른 학습 강화가 주어지지 않으면 반응이 사라짐
간헐적 강화 (intermittent schedule)	고정간격 (FI : fixed interval)	정해진 시간이나 간격 후에 강화	버스 배차 간격 (20분 또는 30분 간격 후 버스 승차)	버스가 출발하기 직전에 승객들이 버스를 타려는 행동이 증가하다가, 버스가 출발한 직후에는 이런 행동이 감소
	변동간격 (VI : variable interval)	다양한 시간 간격 후의 첫 반응에 강화	버스 배차 간격이 들쭉날쭉할 경우 (어떤 경우는 10분, 어떤 경우는 30분에 버스가 도착할 경우)	일정하고 안정된 반응률
	고정비율 (FR : fixed ratio)	일정 수의 반응 후 강화	물건 조립 10개 할 때마다 1000씩 주기	빠른 반응 강화 후 반응률 저하.
	변동비율 (VR : variable ratio)	다양한 수(필요 반응 수의 평균)의 반응 후 강화	낚시, 슬롯머신, 복권, 도박, 통신 판매 등	언제 강화가 주어질지 모르기 때문에 반응의 중단이 나타나지 않고 꾸준한 반응 비율을 보이게 되고 소거가 가장 일어나지 않음.

치료기법

행동수정은 증상의 형성에 관계되어 있는 잘못된 습관이나 행동을 더 바람직한 행동으로 변화시키기 위해 사용되는 방법들이다. 즉, 잘못된 습관이나 행동들은 잘못 학습된 것으로 다시 바람직한 행동으로 재학습시키면 된다. 행동수정은 그 효과성에 비해 용어나 개념이 어렵고 딱딱하다는 느낌이 든다. 실제로 알게 모르게 우리는 이런 기법들을 쓰고 있지만 제대로 활용하지 못함으로써 목적을 달성하지 못하고 있다. 그러나 그 개념과 원리를 잘 이해만 한다면, 당신도 이 치료기법을 실생활에서 유용하게 활용할 수 있다.

행동수정 기법에는 '바람직한 행동을 증가시키는 기법'과 '바람직하지 못한 행동을 감소시키는 기법'으로 크게 나뉜다.

바람직한 행동 증가시키는 기법	바람직하지 못한 행동 감소시키는 기법
– 행동형성 – 행동연쇄 – 촉구 – 용암 – 토큰 경제	– 차별강화 – 소거 – 강화자극 제거 – 혐오자극 제시

1) 바람직한 행동 증가시키기

(1) 행동형성(shaping)

현재 나타나지 않는 행동에 성공적으로 접근하도록 강화하는 절차를 말한다. 달성 범주를 점차 높여가면서 차별강화_{어떤 것은 강화하}_{고 어떤 것은 강화하지 않음(일부만 강화해줌)}를 쓰는 방법으로서 반응은 빈도, 지속시간, 반응시간 등 어느 형태로든 이용될 수 있다.

행동형성을 시작하기 위해서는 표적행동[61]을 위한 이미 존재하는 행동을 확인하고 점진적 접근법으로 차별강화와 소거를 반복한다. 즉, 단계적으로 표적행동에 가까운 근사치 행동에 대해 강화하고, 습득된 근사치 행동은 소거를 하고 더욱 가까운 근사치 행동에 대해서만 차별강화를 하는 절차를 통해 최종 표적행동에 다다를 수 있게 한다.

예를 들어, 의자에 착석이 어려운 아이의 경우 시간을 10분 → 15분 → 25분 → 30분 → 40분으로 점차적으로 늘려가는 것이 조형의 쉬운 예가 될 수 있다.

(2) 행동연쇄(chaining)

행동은 순차적으로 함께 일어나는 많은 요소로 구성되어 있다. ex. 껌씹기: 껌을 꺼내서 껍질을 벗겨내고 입에 집어넣고 씹기까지 일련의 행동들이 연쇄적으로 연결되어 있다. 이러한 행동들에서 복잡한 행동에 포함된 분리된 부분이나 단계를 파악하기 위하여 먼저 과제 분석[62]을 해야한

---

61) 표적행동(Target behavior) : 분석이나 수정을 위해 선택된 행동.
62) 과제 분석(Task analysis) : 과제분석은 행동연쇄를 자극－반응요소로 잘게 나누는 절차를 말한다. 과제 분석방법은 과제를 하고 있는 사람을 관찰하고 숙련가(그 과제를 잘 수행하는 사람)에게 요청하고 스스로 과제를 수

다. 첫 단계 단독으로 시범을 보이거나 가르치고 그것이 숙달되도록 강화되면 다음 단계로 넘어가 전체 순서를 숙달할 때까지 전진연쇄 혹은 후진연쇄로 가르칠 수 있다.

껌을 씹는 행동을 과제 분석하면 다음과 같다.

> (예) 주머니 속에 손을 집어넣는다. / 껌을 꺼낸다. / 여러 개의 껌 중 한 개를 꺼낸다. / 포장지를 벗긴다. / 입 속에 껌을 넣는다. / 씹는다.

(3) 촉구(prompt)와 용암(fading)

촉구는 일종의 도움을 주는 행위로서 가장 가벼운 언어촉구로부터 점차 도움의 정도가 큰 자세촉구, 모델링촉구, 신체촉구 등 원하는 반응을 일으키게 하는 다른 사람의 행동인 반응촉구와 자극을 변화시키거나 자극 증가를 통해 반응을 증가시키는 자극촉구가 있다. 이와 반대로 용암은 이런 촉구도움를 줄여나가는 것이다.

── 반응촉구의 예

- 신체촉구(강제적)
  올바른 행동을 할 수 있도록 다른 사람을 신체적으로 도와주는 것.
  야구코치가 같은 방망이를 쥐고 휘둘고 공을 칠 때 도움을 주는 행위. 신체촉구는 신체안내라고도 함.
- 자세촉구
  어떤 사람의 동작이나 자세가 정확한 행동으로 이끄는 것(전체 행동을 똑

행하고 각 구성요소 반응을 기록한다. 과제분석은 밥을 먹고 옷을 입는 등 비교적 단순한 일부터 보다 복잡한 과제까지 다양하게 적용할 수 있다.

같이 시범 보이거나 모델을 보여준다면 모델링 촉구임).
코치가 선수에게 타석의 어디에 서야 할 지를 손으로 가리키는 것.
- **모델링촉구**
  모델을 관찰하고 이 모델의 행동을 따라 하도록 하는 것(시범도 모델링임).
  코치가 공을 어떻게 치는지 보여주기 위해 직접 공을 쳐서 보여주는 것.
  모델링 촉구가 성공하기 위해서는 학습자가 모델의 행동을 따라 할 수 있어야 함.
- **언어촉구(덜 강제적)**
  언어촉구는 설명, 규칙, 힌트, 주의, 질문, 다른 언어적 보조 등이 포함.
  '차'라고 쓰여 있는 단어장을 보여주고 "차"라고 말하는 경우.

2) 바람직하지 않은 행동을 감소시키는 행동수정 기법

(1) 소거

강화를 주지 않는 것, 그로 인해 바람직하지 못한 행동을 감소시키는 것이다. 이처럼 소거는 주로 이전에 관심을 끌기 위해 했던 부적절한 행동에 대한 강화를 제거하여 표적행동의 빈도나 강도를 점진적으로 줄이는 절차이다. 소거 절차를 사용할 경우, 적절한 대안행동을 가르치고 차별 강화전략을 같이 사용해야 한다. '우는 아이 떡 하나 더 준다'는 말이 있다. 그러나 '우는 행위'를 줄이기 위해서는 '떡'이라는 보상이 필요한 것이 아니라, 그 행위에 대한 반응을 주지 않음으로써 빈도를 줄일 수 있다. 즉, 본의 아니게 울 때마다 보상강화을 받았기 때문에 아이는 우는 행위를 반복했던 것이다.

<굿 윌 헌팅>의 윌이 초기 상담에서 침묵으로 일관했을 때 상담자 숀은 그의 반항과 저항에 대해 반응하지 않는다. 즉, 소거를 한 것이다. 소거는 강화를 주지 않는 것이라고 위에서도 설명했는데 상담을 온 내담자가 침묵을 함으로써 상담을 거부하는 행위는 상담자로서는 수용할 수 없는 것이다. 따라서 늘 보여주던 수용적인 태도를 철회하는 것은 일종의 '소거'라고 볼 수 있다. 흔히 이런 반응을 무시하라고 하면 그 당사자를 무시하는 것으로 오해할 소지가 있다. 그러나 그것은 바람직하지 못한 행동에 대한 무시이고 상대에게 모욕감을 주거나 존재 자체를 부정하는 것이 아니다. 그러면서 내담자의 행동에 주의를 기울이고 있다가 바람직한 행동을 할 때에는 차별적으로 반응을 해준다. 숀은 윌의 침묵에는 무관심하게 응대하다가 윌이 말을 시작하자 바로 반응을 해줌으로써 바람직한 행동으로 전환시킬 수 있었다.

(2) 체계적 둔감화(systematic desensitization)

불안이 높은 경우 불안의 위계를 정하고 대개는 낮은 단계에서부터 불안이나 두려움을 극복하도록 돕는데 이를 체계적 둔감화라고 한다.

체계적 둔감화는 두려움을 극복하는 것을 돕는 절차로서, 체계적 둔감화는 이완된 상태에서 최소한에서 최대한의 두려움의 위계에 따라 두려움을 유발하는 상황을 상상하는 반면, 실제 상황 탈감법은 이완을 유지하면서 실제 두려움을 유발하는 자극에 점진적으로 노출됨으로써 두려움을 극복하는 방법이다. 체계적 둔감화는 대인 관계 불안, 신경증적 불안, 신경성 식욕 부진, 강박증, 우울증 제거에도 효과적이다.

(3) 노출 치료(exposure treatment)

노출법은 두려움을 일으키는 자극을 지속적으로 제시하는 기법으로 실제 상황 노출법은 실제적으로 불안을 유발하는 자극에 오랫동안 노출시키는 것이다. 불안을 감소시키는 특정한 행동을 하지 않으면서도 오랫동안 불안자극에 노출된 채 그냥 있으면 불안이 감소된다는 것이다. 상상적 노출법은 일상생활 대신 상상에서 일어난다는 것을 제외하고 원리는 비슷하다. 두려운 대상이나 상황에 직간접적으로 노출시키는 것을 불안이나 공포증의 행동치료의 한 기법이다.

노출치료의 핵심은 신념심장 발작으로 죽을 것이다과 반대되는 증거아무 일도 일어나지 않았다를 직접적으로 제시함으로써 병적인 자동적 사고와 비합리적 신념을 깨버릴 수 있도록 돕는다.

(4) 이완훈련

이완훈련은 사람들에게 일상생활에서 만들어지는 스트레스에 대처하는 기법이다. 이완은 근육이완, 심상법, 호흡법을 통하여 이루어지는데 지속적인 훈련을 통하여 스트레스 상황 하에서 언제든지 이완할 수 있도록 한다. 이완훈련은 체계적 둔감화 과정의 한 부분으로 사용되어 왔지만 최근에는 분리된 개념으로도 사용되고 있고 다양한 심리적 문제ex. 분노조절 해결에 사용되고 있고 스트레스와 불안, 고혈압, 심장질환, 편두통, 불면증 등 다양하게 활용되고 있다.

이완 요법 중 근육이완법에 대해서만 간략하게 설명하도록 하겠다. 근육이완법은 다음에 제시된 대로 머리에서 발끝까지 순서대로 힘을 주었다가 풀기를 반복하면서 근육을 이완시키는 기법이다. 근육을 이완하게 되면 근육의 긴장도가 떨어짐과 동시에 심리적인 긴장상태도 같이 경감된다. 긴장된 상태에서는 보다 많은 스트레스를 느낄 수 있지만, 이완이 되게 되면 상대적으로 스트레스를 덜 느끼게 된다. 그래서 이렇게 근육을 이완함으로써 긴장도와 스트레스를 떨어뜨리고 이후 상담치료를 병행하게 되면 그 효과가 더 증대된다.

—— 근육 이완하기

    1) 온 몸에 힘 풀기

    2) 오른 팔을 들고 주먹을 꼭 쥐었다가 서서히 풀기

    3) 왼팔을 들고 주먹을 꼭 쥐었다가 서서히 풀기

    4) 양팔을 다 들고 두 주먹을 꼭 쥐었다가 서서히 풀기

    5) 눈썹을 찡그려 이마에 주름을 잡았다가 서서히 풀기

    6) 두 눈을 꼭 감았다 눈알을 굴리면서 서서히 풀기

    7) 혀 끝을 앞니 뒤편에 갖다 대어 힘주었다가 서서히 풀기

8) 입술을 양 귀쪽으로 세게 끌어 당겼다가 서서히 풀기

9) 머리를 뒤로 젖혀서 목에 힘을 주었다가 서서히 풀기

10) 어깨를 귀 밑까지 올려서 힘을 주었다가 서서히 풀기

11) 등을 힘껏 구부렸다가 서서히 풀기

12) 배에 힘을 세게 주었다 서서히 풀기

13) 두 다리를 늘어뜨려 발끝을 머리쪽으로 세게 구부렸다가 서서히 풀기

– 온 몸에 힘을 풀면서 숨을 크게 한번 크게 쉰다.

월의 경우 충동조절의 문제가 있는 것으로 보인다. 따라서 충동이나 분노가 일어날 때 이완훈련을 통해 긴장을 감소시키는 것은 효과가 있다. 긴장을 떨어뜨리고 그 상황에 맞는 대안을 찾고 문제를 해결하는 방법을 모색함으로써 긍정적인 효과를 얻을 수 있다.

'행동주의'에 대해 보다 상세한 내용은 당신이 알아야 할 <인지행동치료의 모든 것>박소진(2017), 학지사을 참고하시기 바란다.

04

인지주의

"당신의 감정 혹은 행동은 일어난 사건에 대해 당신이 갖는 신념의 결과다"

- 엘리스(Albert Ellis)

매트릭스

감독: 워쇼스키 형제
출연: 키아누 리브스, 캐리엔 모스 외

1999년 개봉한 영화 <매트릭스>에서는 2199년을 배경으로 인공지능(artificial intelligence: AI)이 지배하는 가상 세계가 그려진다. 인간의 기억을 지배하는 인공지능 컴퓨터(AI)에 의해 인간은 더 이상 인간으로서 존엄을 보장받지 못하고 AI의 생명을 연장하는 도구로서 전락한다. 인간의 뇌는 프로그램 안에 있는 동안 AI의 철저한 통제를 받는다. 가상의 현실의 꿈에서 깨어난 사람들은 이를 알고 AI와 맞서 싸우는 것이 이 영화의 주된 내용이다. 토머스 앤더슨(키아누 리브스)는 평범한 회사원에서 인류를 구원할 영웅으로 변모되면서 인간의 비참한 현실을 해결하고 구원할 수 있는 사이버 전사로 거듭나게 된다.

누군가가 당신에게 진실을 알려준다면서 한 손에는 파란 알약과 한 손에는 빨간 알약을 내보인다. 파란 알약을 집으면 원래 살던대로 사는 것이고 빨간 알약은 그동안 알던 것과 전혀 다른 진짜 진실을 알게 된다는 것이다. 당신은 어떤 선택을 할 것인가? 이 장면은 영화 <매트릭스>에서 나오는 장면이다. 모피어스와 주인공 네오키아누리브스의 대화 장면에서 매트릭스는 진실의 세계로 네오가 들어올 것을 제안하고 네오는 이를 기꺼이 받아들인다. 그러나 누구나 이런 선택을 하지 않는다. 모피어스의 부하 싸이퍼는 지금까지 자신이 해왔던 일을 포기하고 쉬운 길을 선택한다. 그리고 동료들을 배신한다. 선택은 그 사람의 경험, 생각, 가치관, 의지 등에 달려 있다. 즉, 인간의 행동을 기계론적으로 추측하고 예측하고 통제하는 것에는 분명 한계가 있다는 것이고 인간이 어떤 행동을 하도록 이끄는 것은 '호기심'과 같이 보이지 않는 그 무엇이다.

인지주의에서는 "인간이기 때문에 생각하고, 생각하기 때문에 행동한다"라고 주장하면서 이러한 생각은 의식을 연구했던 구성주의나 기능주의, 형태주의 심리학과 맥을 같이 한다. 컴퓨터 과학의 발달과 함께 인지주의 심리학도 1970년대 이후 빠른 속도로 발달했는데, 인지주의의 관점에서는 행동주의 S−R 접근 방법을 '검은 상자 접근방법black box approach'이라고 비판하기도 하였다. 그 이유는 행동의 원인이 되는 자극을 어떻게 받아들여 해석하고 판단하는지에 대한 내용을 전혀 설명하지 못하였기 때문이다.

행동주의는 자극과 반응, 즉 행동만을 관찰의 대상이며 이 행동을 주된 측정의 대상으로 여겼다. 그러나 인간을 자극과 반응이라는 단순한 논리로 설명하는 데에는 분명 한계가 있다. 이에 인지주의에서는 이렇게 다른 결과를 만드는 그 무엇, 보이지 않는 그 프로세스가 바로 인간의 내적인 과정, 즉 '생각' '사고'에 달려 있다고 보았고 이 생각과 사고가 원인이 되는 자극과 결과가 되는 행동을 매개한다고 보았다. 행동주의에서 간과하였던 측면을 인지주의에서는 이 내적인 측면을 강조하였고 다른 한편 행동주의가 가지고 있는 장점 등을 보완할 필요가 있었다. 인지행동치료는 기존의 행동적인 입장과 인지적인 입장을 포함한다.

영화 <굿 윌 헌팅>의 주인공 윌의 경우에는 어려서 입은 심리적·신체적 학대로 인해 '나의 미래는 어둡다' '어차피 노력해봐야 소용없다.' '세상은, 사람들을 믿을 수 없다'와 같은 절망적이고 부정적이고 역기능적인 생각을 하게 되었고 스스로를 위축시키고 부적응적으로 만든다. 그러나 숀을 만나면서 그의 생각도 바뀌기 시작한다.

1 인지행동치료 개요

인지행동치료는 인지치료와 행동치료를 통합하여 그 효과를 극대화한 치료기법을 말한다. 인지행동치료Cognitive-behavioral therapies : 이하 'CBT'의 구성개념들은 1960년대 초 Aaron T. Beck과 그 외 정신과 의사들과 심리학자들에 의해 발달되었고 CBT의 기본 이론들과 상담의 효과는 이후 수많은 경험적 연구들을 통해 증명되었다.

── CBT의 두 가지 핵심 개념

첫 번째는 '사고는 감정과 행동에 영향을 미친다'.
두 번째는 '행동양식은 사고 패턴과 감정에 영향을 미친다'.

단순히 인지적 기법만으로 심리 상담에 한계가 있다는 것을 인식하게 되면서 행동적 기법의 도입의 필요성이 대두되었던 것으로 아래의 세 가지 접근이 통합됨으로서 인지행동치료Cognitive-Behavioral Therapy : CBT로 지칭되었다.

CBT는 1960년대 초반 Kelly1961, Ellis1962, Beck1963 등에 의해서 기존의 심리치료 이론과는 구별되는 이론적 입장에 근거하여 시도된 치료적 활동을 지칭하며, Mahoney와 Arnkoff1978는 인지행동치료를 크게 세 치료 학파로 나누었는데, Ellis1962의 합리적 정서치료, Beck1963의 인지치료, Meichenbaum1977의 자기 교시훈련으로 대표되는 인지재구성치료cognitive restructuring therapies학파를 들었다.

1) 합리적 정서행동치료(Rational Emotive Behavior Therapy : REBT)

엘리스Albert Eliis(1913~2007)

- 합리적 정서행동치료(REBT)의 창시자.
- 1913년 9월 27일 펜실베니아 주 피츠버그에서 2남 1녀 중 맏이로 태어남.
- 어린 시절은 그다지 유복하지 않았으며, 그의 부모는 그가 12살 때 이혼을 하였고 이후 그의 아버지는 거의 볼 수 없었으며, 그의 어머니 또한 자녀 양육에 관심이 없었다고 함.
- 어린 시절 건강상의 이유로 입원을 하거나 수술을 받은 경우가 많았으나, 이때도 부모로부터 적절한 보살핌을 받지 못했음.

\# 출처: 구글(www.google. co.kr)

- Ellis는 스스로를 수줍음이 많은 내성적인 아이였고 청소년기까지 자신의 수줍음에 대처해야 했고 이런 경험들을 통해 독립성과 자율성을 기를 수 있었음.
- 정신분석의 비과학적이고 수동적인 측면을 비판하기 시작하면서 1950년대에 「정신분석 기법에서의 새로운 접근」(Ellis, 1955a), 「정신이상자를 위한 심리치료 기법」(1955b)이라는 두 편의 논문을 발표 함.
- 1956년 미국 심리학회(APA)의 연차대회 때, 전문가들에게 처음으로 합리적 치료에 대해 발표하였고 1957년에 '합리적 심리치료와 개인 심리치료학'에 대해 첫 번째 논문을 발표함.

합리적 정서행동상담은 Albert Ellis 박사에 의해 처음으로 창안되었다. 그는 인간을 이해하는 데 있어서 핵심을 이루는 세 가지 영역이 있는데 그 영역은 인지[63], 정서, 행동이며 이 세가지 영역인

---

63) 인지란 개념은 다소 생소하고 추상적인 개념으로 생각되기 쉽다. 인지의 사전적 정의는 한 마디로 말하면 "앎" 즉, '어떠한 사실을 분명하게 인식하여 아는 것'이다. 인지는 사람이 살아가는데 필요한 모든 인식의 총체로 뇌 전체의 활동의 결과로 발생된다. 이런 인지과정은 감각기관(시각, 청각,

인지, 정서, 행동은 서로 상호작용하면서 영향을 미치는데, 그 영역 중에서도 특히 인지부분이 중심이 되어 정서와 행동에 영향을 미친다고 보았다. 이 이론은 인지적 상담에서 시작하여 인지정서 치료RET로 이름을 바꾼 후 1993년 행동주의 원리를 추가하면서 인지정서행동치료REBT로 바뀌게 된다.

Ellis는 인간의 신념도 "합리적 신념Rational Beliefs"과 "비합리적 신념Irrational Beliefs"으로 나누었으며, 그 중 비합리적 신념은 비난이 주를 이루게 되므로 이러한 비난을 그치게 하는 것에 상담의 목적을 두어야 한다고 생각했다. 그는 인간의 문제 행동은 감정에 의해서가 아니라 비합리적인 사고에 의해서 형성된다고 보았다. 다음은 Ellis가 말하는 비합리적 신념들의 예이다.

(1) 나는 내가 아는 중요한 사람들 모두에게서 사랑 받고 인정받아야 한다.

(2) 나는 모든 면에서 유능하고 성취를 해야 가치 있는 존재가 된다.

(3) 원하는 일이 뜻대로 되지 않으면 끔찍한 파멸이 있을 뿐이다.

(4) 불행은 외부사건에 의해서 생기는 것이며 사람의 힘으로는 통제할 수 없다.

(5) 인생에서 과거의 사건은 현재를 결정지으며 과거의 영향은 없어질 수 없다.

후각, 미각, 촉각 등)으로 부터 받아들이는 여러 가지 정보들을 수합하고, 종합해서 필요한 정보를 부호화시켜서 뇌에 저장하고, 필요할 때 이 기억을 재인출해서 사용하거나 이를 기초로 해서 새로운 조합을 만들어 행동할 수 있게 하는 과정들을 통틀어 칭하는 과정이다.

(6) 모든 문제에는 정답이 있는데 그것을 찾지 못하면 결과가 비
참하게 된다.

✅ ABCDE 이론

REBT는 내담자가 겉으로 보여주고 있는 증상을 제거보다는 내
담자가 가진 근본적인 신념 또는 가치체계를 검토하도록 함으로써
증상은 물론 근본적인 성격과 인생관의 변화를 촉진하고 이를 통
해 자신의 부적절한 정서를 적절한 정서로 바꾸도록 하는데 목적
이 있다.

성격의 ABC 이론은 REBT의 이론과 실제에서 핵심이 되는 내용이
다. 선행사건A Activating Event는 사실, 사건을 말한다. 결과C Consequence
는 그 사람의 정서적 · 행동적 결과 혹은 반응이다. 반응은 적절할
수도 있고 부적절할 수도 있는데, 중요한 것은 A에 대한 그 사람의
신념인 B Belief가 주로 정서 반응인 C의 원인이 된다. 그리고 내담자
의 사고를 재교육하는 과정은 ABC 모형에 D, E가 추가된 ABCDE
원리에 따른다.

— [그림-1] ABC 모형

위의 모형처럼 정서적 결과C는 활성화시키는 사건A에 의한 것으로 생각하기 쉽지만 이를 매개하는 생각과 신념B에 달려 있는 경우가 많다. 이를 아래 예를 통해 보면 이해하기 쉬울 것이다.

A는 선행 사건을 B는 사고 내지 신념을 C는 결과를 의미한다. 상담자는 내담자가 믿고 있는 비합리적인 신념을 논박을 통해 내담자의 생각에 도전하고 비합리적인 생각을 점검하도록 한다. 내담자가 그런 생각을 하게 되는 근거는? 그 생각이 얼마나 도움이 되는지? 등을 따지도록 함으로써 보다 합리적인 생각을 도출하도록 돕는 것이다.

— ABCDE 모형

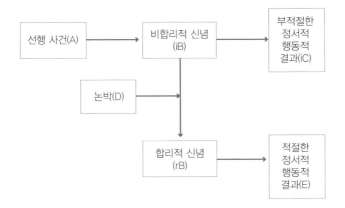

A	A(Activating events, 선행사건) : 내담자가 노출되었던 실제 사실 또는 사건, 행동을 의미한다. 예를 들면, 낙방, 실직, 중요한 사람과의 이별 or 사별 등을 들 수 있다.
B	B(Belief, 사고 내지는 신념) : A(문제 사건)에 대한 내담자의 관념 또는 신념, 어떤 사건이나 행동 등과 같은 환경적 자극에 대해 각 개인이 갖게 되는 생각으로 C(결과)의 원인이 된다.
C	C(Consequences, 결과) : 내담자가 A(사건) 때문이라고 말하면서 나타내는 정서적 행동적 결과, 또는 선행사건에 대한 개인의 정서적 반응이다. 예를 들면, 비합리적 사고의 결과 느끼는 불안, 원망, 비판, 죄책감 등을 들 수 있다.
D	D(Dispute, 논박) : 내담자의 비합리적 신념을 바꾸도록 내담자의 생각에 도전하고 그 논리들이 사리에 맞고 합리적인지 다시 생각하도록 하기 위한 상담자의 논박을 말한다.
E	E(Effect, 효과) : 내담자가 자기 파괴적인 생각에서 벗어나 보다 합리적인 사고와 현실적인 생의 철학, 자신과 타인에 대해 보다 폭넓은 수용 및 긍정적인 감정을 느끼게 되는 단계이다.

2) Aaron Beck의 인지치료(Cognitive Therapy : CT)

아론 템킨 백Aaron Temkin Beck(1921~)

- 세계적으로 널리 사용되고 있는 심리치료인 인지치료(Cognitive Therapy: CT)의 창시자로 인간의 행동과 정신 병리를 동기나 본능보다 정보처리의 관점에서 설명하는 모델에 근거하고 있음.
- Beck의 인지치료는 심리적 장애가 적어도 부분적으로, 개인이 경험을 어떻게 구성하느냐에 의해 생겨난다고 가정하는 다양한 인지적 치료법 중의 하나

\# 출처: 구글(www.google.co.kr)

- 그는 문학과 교육을 중시하는 가족에서 주관이 뚜렷하고 정치적 관심이 많은 부모에 의해 양육됨.
- 그는 5명의 자녀 중 막내로 태어났고 형제 중 두명은 아동기에 사망하였음. 이로 인해 그의 어머니는 우울증을 앓았고 Beck은 과잉보호됨.
- 그는 어렸을 때 죽을 고비를 넘기며 불안과 공포를 경험하였고 버림받음. 대중 강연, 높은 곳에 대한 공포들이 있었다고 고백하기도 하였음.

인지치료는 팬실베니아Pannsylvania 대학의 Aron T. Beck에 의해 우울증의 치료기법으로 개발된 구조화되어 있고 단기적이며, 현재 지향적인 정신치료이다Beck, 1964.

이 치료의 목표는 내담자가 당면한 현재의 문제를 해결하고 역기능적인 사고dysfunctional thought와 행동을 수정하는데 있으며 1960년대 초에 기발된 이후 Beck과 그의 동료들은 매우 다양한 정신과정 장애를 지닌 집단에 이 치료를 성공적으로 적용시켜 왔다Freeman 과 Dattilio, 1992; Freeman 등, 1989 ; Scott 등 1989.[64]

---

64) 최영희·이정흠 공역(1997), 인지치료(Cognitive Therapy)이론과 실제, 학지사.

인지치료에서 인지모델cognitive model은 모든 심리적인 장애에서 왜곡되고 역기능적인 사고가 공통적이며, 이러한 역기능적인 사고는 환자의 기분과 행동에 영향을 미친다고 가정한다. 따라서 사고에 대한 현실적인 평가와 수정은 기분과 행동의 호전을 가져오며, 지속적인 호전을 위해서는 환자에게 내재하는 역기능적인 믿음의 수정이 필요하다고 가정한다.

Beck은 우울증의 발생을 '인지적 취약성−스트레스 모형Cognitive Diathesis−Stress Model'에 근거하여 설명하고 있다. 이 모형은 인지적으로 취약한 사람들에게 부정적 생활사건과 같은 스트레스가 발생했을 때, 우울증과 같은 심리적 장애가 발생한다고 보는 관점이다.

Beck은 이러한 인지적 취약성[65]을 인지도식의 개념으로 설명하고 있다. 인지도식은 한 개인이 주변 자극을 선택적으로 받아들이고 자극의 의미를 해석하며 자신의 경험을 나름대로 체계화하는 인지적인 틀을 의미한다. 심리적 장애를 경험하는 사람들은 어린시절의 경험에 의해 특정한 내용의 인지도식을 형성하고 있으며 부정적인 생활사건에 부딪히면서 그 사건의 의미를 특정한 방향으로 왜곡하여 해

---

65) 우울증에 대한 인지적 취약성 : 우울증을 쉽게 유발하는 생물학적 취약성이 있듯이, 인지적인 취약성이 존재한다. 구체적으로 말하면 이러한 취약성은 자신, 개인 주변세계 그리고 미래에 대한 부정적인 견해를 포함하는 인지도식을 뜻한다. 이러한 신념들은 절대적이고, 인생경험을 통해 학습된 것이며, 강렬한 감정과 연결되어 있다. "나는 무가치하다", "나는 사랑받을 수 없는 사람이다", "나는 무기력하다"는 믿음이 우울 유발적 신념의 예라고 할 수 있다(Marjorie E. Weishaar, 권석만 역(2010), 인지치료의 창시자 아론 벡, 학지사).

석하게 되고 결과적으로 심리적 장애를 야기하게 된다고 본다.[66]

백에 의하면, 인간의 우울이나 정서장애는 사람들이 현실을 해석할 때 자기 평가와 기대되는 행동결과를 부정적으로 바라보도록 만드는 인지적 왜곡cognitive distortion, 즉 역기능적 자동적 사고automatic thoughts로 인해 일어난다. 우울증 환자의 정서적 장애는 개인이 자신의 경험을 인지구조화schema하는 방식에 의해 결정된다. 즉, 과장되고 왜곡된 비현실적인 자동적 사고가 우울과 정서장애를 일으킨다는 것이다.

(1) 역기능적 자동적 사고

백Beck의 인지치료를 이해하기 위해서는 '자동적 사고'의 개념을 알 필요가 있다. 자동적 사고는 한 개인이 어떤 상황에 대해 내리는 노력이나 선택 없이 떠오르는 즉각적이고 자발적인 생각이나 평가를 말하는데, 심사숙고하거나 합리적으로 판단하는 것이 아닌 자동적으로 그 상황에서 튀어나오는 생각들이기 때문에 스스로도 의식하지 못하는 경우가 많다. 대개 자동적 사고에 따라 그 순간 감정들이 달라질 수 있는데, 역기능적인 사고일수록 부정적인 감정을 불러일으킬 가능성이 높다. 자동적 사고는 사람들이 자신의 경험으로

---

66) 김채순(2012), 수용전념 및 인지행동 심리치료 프로그램이 청소년의 우울증, 심리적 수용 및 자기 통제에 미치는 영향, 창원대학교 교육학과 박사학위 논문.

부터 생성한 신념과 왜곡되어 있거나 극단적이거나 객관적이지 못한 경우가 대부분이다. 예를 들어보자.

(상황) 길을 가던 어떤 사람이 나를 쳐다본다.

→ "나를 무시한다_{자동적 사고}"

→ 기분이 나빠짐

(2) 자동적 사고에 대하여 질문하기

1. 증거는 무엇인가?
 – 이러한 생각을 뒷받침하는 증거는 무엇인가?
 – 이 생각에 반하는 증거는 무엇인가?
2. 또 다른 설명이 존재하는가?
3. 그 생각을 해나가는데 일어날 수 있는 가장 최악의 일은?
4. 만일 (내 친구) _____ 가 나와 유사한 상황에 처해 있다면, 내가 무슨 말을 해 줄 것인가?

예)
자동적 사고들 : '이 일을 잘 해야만 해. 나는 너무 능력이 없어.'
적응적 반응들 : '내가 이것을 할 수 없는 것은 당연해. 그것은 새로운 기술이야. 결국에는 그것을 배우게 되겠지만, 우선 연습을 좀 더 해야 할 거야. 그것은 내가 멍청한지의 여부와는 상관이 없는 일이야. 내가 좀 더 노력을 하든지 또는 좀 더 지도가 필요할 뿐이야. 어쨌든 별 일이 아니야. 우리는 이런 일이 생길 거라고 미리 예측했었어.'

(3) 인지적 왜곡

Ellis는 비합리적 신념이 부적응적 행동을 유발한다고 보았으나, Beck은 개인이 정보를 처리하는 과정에서 나타나는 인지적 오류와 왜곡이 부적응을 초래한다고 보았다.

인지적 왜곡은 정보처리가 부정확하거나 비효과적일 때 나타나며, 대개 비현실적인 세계관을 나타내거나 비논리적인 추론과 관련된다. 인지왜곡 또한 별다른 노력 없이 자발적이고 자동적으로 발생하는데 그래서 '부정적 자동적 사고'라고도 부른다. 자동적 사고는 순간 우리에게 떠오르는 생각이나 영상들이고 사람들에게 나타나는 인지적 왜곡의 유형은 다음과 같다.

Beck1967은 우울한 사람들은 다음과 같은 체계적인 사고의 오류가 있어서 반대 증거에도 불구하고 부정적 사고의 타당성에 대한 환자의 신념이 유지된다고 보았다. 이런 인지적 왜곡은 다음과 같다.

- 임의적 추론arbitrary inference — "시험에 떨어진 것은 미역국을 먹었기 때문이다"
- 선택적 추상화selcetive abstraction — "옥의 티를 찾아라"
- 과일반화overgeneralization — "남자들은 모두 늑대다"
- 과장과 축소magnicication and minimization — "공부 하나도 안 했어요."
- 개인화personalization — "사람들이 웃는 것은 내가 바보같이 보이기 때문이다"
- 흑백논리, 이분법적 사고absolutistic. dichotomous thinking — "완벽

하지 않으면 결함투성이다"

본서에서는 치료기법에 대해서 간략하게만 봐주기로 한다. 보다 상세한 내용은 <인지행동치료의 모든 것>박소진(2017), 학지사을 참고하시기 바란다.

2 치료기법

비합리적 사고와 왜곡된 인지를 수정하기

월은 타인과 세상에 대해 적대적이다. 그것은 그의 잦은 비행을 통해 짐작할 수 있는데, 이런 적대감의 이면에는 타인과 세상에 대한 불신이 자리잡고 있다. 형제나 다름없는 고아원 친구들 이외에 그는 사회적인 관계를 맺지 않고 자신의 능력을 제대로 발휘하지 못한 채 살아간다.

그가 여자친구를 사랑하면서도 그녀의 제안을 거절한 것도 뿌리 깊은 인간에 대한 불신과 미래에 대한 막연한 두려움 때문일 것이다. 그에게는 대인관계에서 신뢰를 쌓고 불확실한 미래에 대해 긍정적인 생각을 갖도록 하는 것이 중요하다. 즉, '타인과 세상은 믿을 수 없다', '나는 운이 없는 놈이다', '현재의 삶으로부터 벗어날 수 없을 것이다'와 같은 부적응적인 '인지적 도식'을 깰 필요가 있다.

월의 비합리적 신념은 엘리스의 REBT에서는 논박을 통해서 그의 신념의 오류가 무엇인지 찾으려 할 것이다. 예를 들어, 여자친구의 제안을 거절한 이유에 대해 월은 다음과 같이 말할 것이다.

> 월: 어차피, 우리는 헤어지게 될게 뻔해요.
>
> 손: 그렇게 생각하는 이유(근거)가 뭐지?
>
> 월: 여자친구는 명문대 출신이고 직업도 있고….
>
> 손: 그런 부분에 대해 여자친구와 이야기해 본 적은?
>
> 월: 해보나 마나예요. 세상 사람들은 다 똑같아요.
>
> 손: 모두가 같은 생각을 한다고 어떻게 단정하지?
>
>   여자친구가 그럴 거라고 어떻게 단정하지?
>
> 월: ….

또한 백의 CT에서는 월의 이러한 생각의 오류가 역기능적이며 몇몇 사람들에 대한 인식을 모든 사람으로 확대 해석하는 것은 '과잉일반화'의 오류임을 인지시켜 주려고 할 것이다.

아론 백이 말하는 '인지적인 도식'은 엘리스의 '비합리적 신념'보다 더 단단하게 굳어진 틀과 같은 것이다. 그것은 오랜 시간 경험을 통해 형성되면서 특정한 방향으로 취사선택되어진다. 월은 분명 불우한 환경에서 자랐지만, 그래도 자신을 가족처럼 아끼는 친구들이 있고 그들은 월의 성공을 진심으로 바라고 있다. 또한, 새로운 사랑을 만났으며 상담을 통해 자신이 누구인지 자신이 진정으로 원하는 것이 무엇인지를 알게 된다. 그 동안은 부정적으로만 오지각하고 오해석하며 타인과 세상을 원망하기만 하였지만 상담을 통해 자신의 생각이 왜곡되었다는 것을 알게 된 것이다. 이런 사실을 지각하는 순간 그는 비로서 자신도 행복해 질 수 있다고 믿게 되며 사랑을 위해 세상을 향해 첫발을 내딛는다.

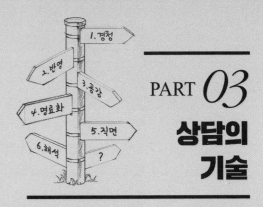

PART *03*

상담의 기술

상담을 위한 면접에서 기본적으로 활용하는 방법들이 있다. 즉, 내담자의 문제와 상담의 목표에 관계없이 모든 면접에서 공통적인 기본방법을 말한다. 이 기본방법에는 경청, 개방형질문, 바꾸어 말하기 요약, 반영, 명료화, 직면, 해석 등이 포함된다.[67] 본서에서는 경청, 반영, 공감, 반영, 직면, 해석을 중심으로 살펴보기로 한다.

---

67) 이장호 · 이동귀(2017), 상담심리학, 박영스토리.

01

경 청

경청listening이란 상담자가 내담자의 말과 행동에 집중하는 것으로 상대적으로 더 비중을 두어야 할 말과 행동을 선택하여 주목함으로써 내담자가 특정한 문제에 대해 탐색하도록 돕는 기법이다. 상대방이 하는 말 뿐만 아니라, 얼굴 표정, 제스처 등 그 속에 숨겨져 있는 주요한 감정이나 생각을 민감하게 알아차리는 것이기 때문에 경청을 단순히 듣는 것으로 이해해서는 곤란하다. 한귀로 듣고 한귀로 흘러버리는 식으로 듣거나 남의 이야기를 듣고 이해하는 정도로는 '경청'이라고 할 수 없다. 말하는 사람의 이야기를 적극적으로 듣고 그 사람이 무엇을 말하고자 하는지를 파악하는 것으로 상담하는 내내 상담가는 내담자의 이야기에 집중하고 또 집중하는데, 이때 상담가는 내담자와 시선을 맞추고 내담자 쪽으로 몸을 기울이면서 내담자가 말을 할 때 호응을 해주면서 내담자가 이야기를 자주 할 수 있도록 격려한다. 이렇게 한 시간 동안 누군가의 이야기를 집중해 들어본 적이 있는가? 어떤 사람들은 상담자들이 그저 이야기나 대충 들어주고 돈을 번다면서 비아냥거리기도 하는데 실상은 남의 이야기를 이렇게 주의 깊게 들어준다는 것이 정말 쉽지 않으며 상담 케이스가 연달아 있는 경우에는 너무 오랜 시간 집중을 한 나머지 현기증이 날 정도이다. 즉, 경청은 상담의 시작이며 끝이라고 할 수 있다.

예전에 스스로 상담을 받으러 오겠다고 했던 초등학교 남학생이 있었다. 11살 정도의 이 아이는 자신이 말을 좀 더 잘 할 수 있으면 좋겠다면서 부모를 통해 상담을 의뢰해왔다. 사실 이 아이는 나이에 비해 상당히 성숙하고 지적인 능력이 좋은 아이였기 때문에 상담을 진행하는데 어려움이 별로 없었다. 생각해보면 또래보다 성숙하다는 것은 외롭다는 의미일 수도 있다. 누군가와 이야기를 하고 싶은데 그럴만한 상대가 없다면 얼마나 답답하고 외로울까... 이 아이는 일 년간 거의 한 회기도 쉬지 않고 상담을 받으러 왔다. 심지어는 감기몸살이 걸려 몸이 힘든 상황인데도 굳이 상담을 가겠다고 하면서 온 적도 있었다.

그런 아이를 걱정하는 아이의 엄마가 상담을 한번 쉬자고 하니까 아이가 이렇게 말했다고 한다. "거기 가면 초등학교 4학년짜리 이야기를 너무 진지하게 들어준다. 그래서 안 갈 수가 없다"고...

경청을 제대로 하지 않으면 앞으로 나아갈 수 없다. 일단 내담자의 심리 상태를 파악할 수도 없고 공감도 지지도 수용도 해줄 수가 없다. 상담이라는 과정은 가끔은 마술과도 같다는 생각이 든다. 생텍쥐베리의 <어린왕자>에 등장하는 조종사와 어린왕자가 많은 나이차이에도 불구하고 점점 동화되며 친구가 되어가듯 상담과정에서는 서로의 눈높이가 같아지면서 서로를 진정으로 이해하는 순간이 오기 때문이다. 그러기 위해서는 경청을 잘해야 한다.

초등학교 4학년 아이는 일 년 정도가 되어서 더 이상은 상담을 받지 않아도 될 것 같다고 어느 날 자신의 생각을 나에게 말했다. 이 정도면 충분하다... 그러면서 그 아이가 한 말은 지금도 생생히 기억이 난다.

"선생님, 선생님하고 나는 정말 좋은 팀이었죠?"

"맞아. 너는 나에게 아주 특별한 아이로 기억될 거야!"

서로 이런 대화를 주고 받고 우리는 헤어졌다. 생각해보면 이 아이가 내 인생에 있어서 마치 '어린왕자'와 같은 존재가 아니었을까 생각해본다.

이런 경청도 수준에 따라 방법이 다르다.

☑ 경청의 방법

1) 수동적 경청: 상대방이 말할 때 조용히 들어주면서 "으흠" "그래" "오~"등의 짧은 말이나 고개를 끄떡끄떡 해주는 반응을 보여주면 상대방의 말에 관심을 가져주고 있다는 것을 전달해주기 때문에 대화가 이어지고 상대방이 더 많은 말을 할 수 있게 된다.

2) 적극적 경청: 상대방이 표출하는 말의 내용이나 감정을 간략하게 요약해서 응대해줌으로써 상대방의 생각과 기분에 보다 효율적으로 반응해주는 보다 적극적인 방법이다. 상대방으로 하여금

자신의 생각을 정리하도록 해주는 효과가 있다.

3) 반영적 경청: 인간관계에서 남을 이해하고 수용하는데 매우 효율적으로 사용될 수 있는 대화방식으로 상대방이 말할 때, 이야기 내용과 표정, 제스처 등에 귀를 기울인 후 그 사람의 심정을 이해하고 파악해서 다시 확인해보는 방법이다.[68]

예를 들면, 고민스러운 표정의 친구를 보고 "시험에 떨어져서 고민이 많은 모양이야."

 # 경청하는 숀의 모습
(몸을 내담자 윌쪽으로 향하게 하고 적당한 거리를 유지하면서 그의 이야기를 듣고 있다)

영화 <굿 윌 헌팅>에서 숀은 윌이 말할 때 주의를 기울이고 눈을 마주치면서 '내가 너의 이야기를 집중해서 듣고 있다'는 메시지를 전달한다. 상담에서 가장 기본이 되는 것은 내담자의 이야기를 잘 듣는 것, 즉, 경청하기이다. 듣지 않는다면 내담자가 무슨 생각을 하고 있는지 무엇 때문에 괴로워하는지 알 수 없다. 내담자의 이야기를 집중해서 듣다 보면 그가 고민하고 있는 문제가 무엇인지 알게 된다. 그러나 경청은 쉬운 작업은 아니다. 상담을 잘해야 한다는 중압감, 상담자 개인의 편향이나 가치관에 따라

---

68) 김애순(2009), 청년기 갈등과 자기 이해, 시그마프레스.

판단할 경우 내담자를 온전히 수용하지 못하고 내담자에게 집중하는 것을 방해하기 때문이다. 따라서 경청은 단순히 듣는 행위가 아니라 비판단적인 관점으로 내담자에게 최대한 주의집중해서 내담자의 심리를 헤아리는 상담의 가장 기본적이고 핵심적인 기술이다.

손이 자신의 이야기를 진지하게 경청하자 월은 자신의 이야기를 하기 시작한다. 처음에는 뜬금없이 비행기를 탄 이야기로 시작한다. 그런 월을 손은 아주 따뜻한 시선으로 바라본다. 굿 윌 헌팅의 손을 연기한 로빈 윌리엄스의 특유의 그 눈빛은 아무 말없이 바라보는 것만으로도 치유가 되는 듯한 착각을 불러 일으킨다. 그는 손에게 묻는다. "비행기를 타 본적이 있니?", "아뇨" 따뜻하기만 한 것 같은 그의 눈빛이었지만 그는 월이 할 말이 없어서 이런 저런 이야기를 끌어낸 것을 이미 눈치채고 있었다. 손은 진심으로 월의 이야기를 들었기 때문에 월의 이야기가 자신의 이야기가 아닌 누군가로부터 들은 이야기임을 알 수 있었던 것이다.

── **상담자의 경청행동**

1) 시선 맞추기 : 내담자의 문화적 배경에 따라 알맞게 내담자에게 시선을 맞춘다.
2) 어조 : 관심을 나타내는 어조로 이야기한다.
3) 자세 : 내담자의 얼굴 쪽으로 몸을 약간 앞으로 기울인다.
    이야기의 흐름을 따라가면서 경청하되 선택적인 경청을 한다. 내담자가 침묵할 때는 침묵의 성질에 따라 침묵에 동참하거나 또는 침묵과 관련된 질문을 하여 다루어 나간다.[69]

---

69) 홍경자(2013), 상담의 과정, 학지사.

02

반 영

　반영reflection이란, 내담자의 말과 행동에서 표현된 감정, 생각, 태도 등을 상담자가 다른 말로 바꾸어 내담자에게 전달하는 것이다. 이러한 반응을 통해 내담자는 자기가 이해 받고 있다는 느낌을 받게 된다. 따라서 상담자는 가능한 한 내담자의 감정, 생각 등을 잘 표현할 수 있는 말로 내담자를 이해하는 태도를 보여야 한다.

　상담자는 내담자의 심리를 비추는 거울과 같은 존재이기도 하다. 내담자의 이야기를 주의깊게 경청하고 반영해 줌으로써 얻을 수 있는 것은 내담자 자신을 이해하도록 돕는 것이다. 그러나 자칫 이 반영을 기계적으로 한다면 앵무새처럼 내담자의 말을 따라하는 것이 되어 내담자는 자신이 조롱받는 것처럼 느낄 수 있다.

　흔히 내담자의 말을 그대로 받아서 "아... ~그랬구나"라고 대꾸를 해주는 경우가 많은데, 어떤 아이가 이런 상담자의 말투에 짜증을 내면서 "구나 구나 좀 안 하면 안 돼요?"라고 했다는 웃지 못할 얘기를 들은 적이 있다. 사실 필자도 대학원 시절에 상담기술을 동기들과 연습하는 과정에서 이런 식으로 반복적으로 대꾸하는 친구에게 이런 비슷한 말을 한 적이 있었다. "제발, 그 구나 좀 하지마!"

1) 감정적 반영

내담자의 감정은 보다 표면적인 감정과 심층적이고 핵심적인 감정으로 나누어 이해할 수 있다. 상담자는 내담자의 좀 더 핵심적이고 내면적인 감정을 잘 파악하여 전달할 필요가 있다. 특히 내담자에게 갈등을 일으키는 양가적 감정을 잘 반결하여 반영해줌으로써 긴장을 덜어줄 수 있다. 상담자의 이러한 감정 반응은 감정표현이 잘 되지 않는 내담자에게 감정표현의 모델이 되어 줄 수 있다.

> 예 내담자 : 여자 친구랑 싸웠어요. 뭔가 오해를 하고 있는 거 같은데 답답해요.
>
> 상담자 : 자신을 이해하지 못하는 여자 친구에게 화가 나면서도 한편으로는 관계가 틀어질까봐 걱정되는군요.

2) 행동, 태도의 반영

내담자의 말뿐만 아니라 자세, 행동, 몸짓, 어조 등 비언어적으로 표현되는 부분도 반영할 필요가 있다. 특히 불일치하거나 모순을 보이는 언어와 행동을 반영한다.

> 예 자신은 괜찮다고 말하면서 다리를 떨고 있는 경우 - 다리를 떨고 있는 것을 보니 불안한 모양이네요.

사실, 많은 사람들이 자신의 감정이나 사고, 행동을 의식하지 못하는 경우가 많다. 내담자들의 경우 상담자가 겉으로 드러나는 자세나 행동 등을 구체적으로 지적하면서 이를 반영하면 내담자 자신도 의식하지 못했던 것들을 인정하고 수용하는 경우를 종종 본다.

위의 예처럼 "다리를 떨고 있는 것을 보니 불안한 것 같네요"라고 말하면 "대부분의 사람들은 제가 그랬나요? 그러고 보니 그런거 같아요."라고 말할 때가 많다.

앤트원 피셔

감독: 덴젤 워싱턴
출연: 데릭 루크, 덴젤 워싱턴, 조이브 라이언트

해군 정신의학과 장교 제롬 데이븐포트(덴젤 워싱턴 분)는 상관을 폭행하여 일계급 강등된 앤트원 피셔(데릭 루크 분) 하사의 상담 치료를 맡는다.

제롬은 피셔가 과거에서 벗어날 수 있도록 최선을 다한다. 이에 피셔는 상처 받은 자아를 회복해 간다. 그러던 어느 날, 피셔가 또 다시 동료들과 주먹다 짐을 벌인다. 그의 폭력적인 성향이 어머니에게 버림받고 뿌리를 모른 채 살아온 것에 대한 분노의 표출임을 파악한 제롬은, 피셔에게 가족을 찾고 어머니를 만나 용서할 것을 권유한다. 양어머니로부터 아버지의 이름을 알아낸 피셔는 전화번호부를 뒤진 끝에 처음으로 자신을 낳아준 어머니와 상봉하는데…

제롬(덴젤 워싱턴)이 자신의 이야기를 진지하게 경청하자 피셔(데릭루크)는 자신의 이야기를 하기 시작한다. 그러나 제롬의 태도

는 여러 가지 면에서 아쉬움이 있다. 진지하게 이야기를 들어주기는 하지만, 자신이 궁금한 점을 갑자기 질문한다거나 내담자의 입장에서 답변하기보다는 자신의 생각을 직접적으로 표현한다.

> 피셔 : 괜히 시간 낭비하는 것 같아요.
>
> 제롬 : 난 시간 낭비하게 할 생각 없어.

이런 반응보다는 "그렇게 생각하는 이유가 뭔가?"라고 질문을 하거나 "상담을 하고 싶지 않는데 상담실에 와있는 게 시간 낭비하는 것처럼 느껴지는 것 같군"이라고 반영을 해주는 것이 보다 나은 반응일 수 있다.

03

공감

공감empathy은 상담자로서의 입장은 유지하되, 내담자의 경험의 장에서 마치 내담자인 것처럼 내담자의 감정을 이해하는 것이다. 또한 상담자로서의 객관적인 자세를 유지한다는 점에서 '동정sympathy'과는 다르다. 공감에서 중요한 것은 반응기법이 아니라 내담자를 진솔하게 대하는 태도일 수 있다.

공감은 상담자의 태도로서도 중요한 요소이면서 동시에 상담의 기본 기술이기도 하다. 이런 공감의 방법을 크게 칼 로저스의 방법과 칼커프의 수준으로 나누어 설명하면 다음과 같다.

1) 칼 로저스(C. Rogers)의 방법

- 내담자의 지각 세계로 들어가서 머물기
- 내담자의 지각 세계 내애서 매 순간 감지되는 의미들에 민감해지기
- 무비판적으로 경험하기

• 경험한 느낌을 내담자에게 전달하기
• 상담자가 느낀 느낌이 정확한지 내담자를 통해 점검하기

2) 칼커프(Carkhuff, 1969)의 5가지 공감수준

• 수준1 : 상대방의 말이나 행동의 의미에 주의를 기울이지 않아 상대방이 표현한 것보다 훨씬 못 미치는 수준으로 감정이나 의사소통을 하는 경우.

　ⓔ 적응하기 힘들어요 - 뭐가 힘들다고 그래, 나약한 소리 그만해

• 수준2 : 상대방의 감정표현에 반응은 하지만 주요 내용을 파악하지 못하고 주된 감정을 배제한 채로 의사소통을 함.

　ⓔ 적응하기 힘들어요 - 다른 사람들도 다 힘들어. 어떻게든 적응할 생각을 해봐.

• 수준3 : 상대방이 표현한 내용을 파악하고 본질적으로 같은 정서와 의미를 표현하여 상호교류적으로 의사소통하는 수준.
　대인관계 기능 촉진

　ⓔ 적응하기 힘들어요 - 그래, 온 지 얼마 안 돼서 적응한다는 게 쉬운 일은 아니지.

• 수준4 : 상대방의 마음을 더 깊은 곳에서 있는 감정을 표현하면서 의사소통하는 수준으로 원인을 짚어주는 수준. 의사소통 촉진

　ⓔ 적응하기 힘들어요 - 적응하려고 노력하는데 잘 안 되나 보군. 주변 사람들과 소통하려면 내 노력만으로 되는 것은 아니야.

- 수준5 : 상대방의 내면과 완전히 같은 몰입수준에서 상대방이
  표현한 내용을 정확하게 표현하거나 상대방이 표현한 감정과
  의미에 더해서 상대방의 인간적인 성장동기를 이해하여 의사
  소통하는 수준.

  (예) 적응하기 힘들어요 - 적응하려고 주변사람들과 소통하고 노력하
  려고 함으로써 극복하려는 의지가 강하구나.

  나는 개인적으로 공감 능력이 그다지 좋지 않은 편이라고 생각한
다. 공감보다는 분석을 하는 것이 좀 더 편하다고 하는 것이 정확하
다. 이런 측면 때문에 처음에는 상담을 하지 않는 것이 좋겠다고 생
각한 적이 있다. 상담자들의 상당수는 공감능력이 좋은 사람들이
대부분이고 그들은 내담자의 감정에 이입되어 그들처럼 느끼고 때
로는 그들이 겪는 고통을 같이 공유한다. 그러나 누구나 그런 능력
을 가진 능력자들은 아님으로 공감을 최대한 하려고 노력하지만,
그렇지 않다고 해서 좌절할 필요는 없다. 얼마 전 만난 내담자는 나
에게 "선생님이 그 친절하지 않다는 그 분인가요?"라고 질문해서 당
황스러웠던 적이 있었다. "제가요?" 놀라서 되묻자 그는 아는 지인
을 통해 나를 소개 받았는데, 자신은 크게 도움이 되었고 그래서 추
천은 해주겠는데, 별로 친절하지는 않다고 했다는 것이다. 그 말이
나에게는 오랫동안 의문으로 남아 있었다. 물론 인정하는 부분도
있다. 나의 표정이나 말투가 좀 그렇긴 하다. 그렇다고 불친절하다
고 생각하지는 않았다. 최대한 내담자의 입장을 고려한다고 했는데

그런 피드백을 받으니 적잖이 당황스럽긴 했다. 그런데 왜 그런 이야기를 했을지 곰곰이 생각해 보았다. 나의 태도가 공감적이라기보다는 분석적이었기 때문에 딱딱하다고 느꼈을 수 있고, 그들이 만난 상담자의 일부는 지나치게 공감적이었기 때문에 그런 태도가 부담스럽게 느껴졌을 수도 있다. 단지 불친절한 것만이 전부였다면 나를 소개한 내담자도 소개를 받은 내담자도 나를 찾지는 않았을 것이라는 것이 나의 최종 결론이었다. 즉, 지나쳐서 좋을 건 없다는 것이다. 자칫 내담자는 상담자가 자신을 동정하거나 불쌍하게 여긴다고 느낄 수 있고 자존심이 강한 사람들은 이런 느낌을 좋아하지 않기 때문이다.

영화 <앤트원 피셔>에서는 피셔가 자신의 엄마가 자신을 찾으러 오지 않았다는 사실을 이야기한다. 그러나 제롬은 그의 이야기에 충분히 공감하지 못했고 이야기는 단절된다. 다음과 같이 공감해 주었다면 피셔의 반응은 다음과 같이 달라졌을 것이다. 이때 중요한 것은 상담자가 내담자의 감정을 이해하고 있다는 느낌을 전달하는 것이다.

피셔 : 어머니가 찾으러 올 때까지 있기로 했지만 엄마는 오지 않았어요

제롬 : 이런... 기다리던 엄마가 오지 않아서 많이 실망했었겠네.

피셔 : 모르겠어요. 오래전에 있었던 일이죠.

제롬 : 마치 남의 이야기하는 것처럼 이야기 하는 군.

피셔 : 모르겠어요. 왜 엄마가 오지 않은 것인지, 궁금하기도 한데

물어볼 수도 없고 그래서 가끔 이유 없이 화가 나기도 하는

데, 그것 때문이 아닌가 싶기도 하고.

제롬 : 엄마가 나를 버린 것은 아닌가 해서... 그래서 원망스럽기도

하고... 보고 싶기도 하고...

피셔 : 네... 맞아요... 여러 감정들이 ... 그래서 혼란스럽고 화가 나요.

04

명료화

명료화clarification란, 내담자의 말속에 내포되어 있는 의미를 좀 더 명확하게 전달해주는 것을 말한다. 내담자의 말을 단순히 반복해주는 재진술과는 달리 내담자가 말하고자 하는 의미를 상담자가 분명히 한 다음 다시 내담자에게 전달해주는 것으로 명료화는 내담자가 미처 지각하지 못한 감정, 생각 속에 숨어 있는 관계와 의미를 보다 분명하게 언급해주는 것이다.

✅ 명료화의 방법

- 내담자의 말에서 모호하거나 잘 이해되지 않는 부분을 밝힌다.
- 내담자로 하여금 구체적인 예를 들어주거나 자신의 말을 좀 더 분명하게 표현할 수 있도록 요청한다.
- 내담자의 말에 대한 상담자 자신의 반응을 통해 내담자의 반응을 좀 더 분명하게 한다.

  예 여자친구가 갑자기 헤어지자면서 전화를 받지 않아요. 왜 그런

건지 모르겠어요. 내가 얼마나 잘해줬는데... 내가 뭘 잘못한 걸까요?

– 여자 친구의 갑작스러운 이별통보에 당황스럽고 일방적인 태도에

화가 난 것 같군요.

05

직면

직면confrontation이란, 내담자가 미처 모르고 있거나 인정하기를 거부하는 생각과 느낌이나 불일치되는 말과 행동 등에 대해 주목하도록 하는 것이다. 직면은 내담자의 변화를 촉진시킬 수 있는 반면, 내담자에게 심리적인 위협을 가할 수도 있을 만큼 강력한 것이다. 따라서 직면은 내담자와의 상호 신뢰가 이루어진 다음에 행해져야 하고 또한 직면의 목적은 내담자의 부정적 측면에만 초점을 맞추어 내담자 자신의 한계를 깨닫도록 하는데 있지 않고, 미처 깨닫지 못한 자신의 자원과 능력을 주목하게 하는 데도 활용할 수 있다.

> ㉑ 군 입대를 앞두고 있는데 두통이 점점 심해져서 걱정하고 있는 내담자의 경우 – 몸이 아픈 것에 대해서 의학적 소견이 없다는 것은 심리적인 것이 많이 작용한다는 것일 수 있는데, 그럼에도 불구하고 신체적인 문제에 집중함으로써 문제 해결을 회피하고 있다고 생각하지는 않나요?

영화 <굿 윌 헌팅>에서 윌은 상담을 하기로 결정했지만 자신

의 속마음을 진술하게 드러내지 않는다. 그러면서 자신이 현재 일

하고 있는 일에 만족한다고 한다. 그런 숀에게 윌은 다음과 같이 이

야기한다.

예 내(윌) : 나는 청소부로 일하는 것에 만족해요.

　　상(숀) : 그렇다면 하필이면 수재들이 모인다는 MIT 공대에서 청소

　　부를 하고 있는 거지? (직면)

06

해 석

해석interpretation이란, 내담자의 표면적인 해용 이면의 관계 및 의미에서 가설을 제시하는 것. 내담자에게 그의 생활경험과 행동의 의미를 설명하여 자신의 문제를 새로운 각도에서 볼 수 있도록 돕는 것이다.

1) 상담과정에 따른 방법

- 초기 - 상담에 대한 잘못된 기대와 태도를 해석.
- 중기 - 내담자의 방어기제나 문제에 대한 생각, 느낌 행동 등을 구체적이고 심층적으로 해석.
- 종결 - 내담자 스스로 해석할 수 있도록 격려함.

2) 해석의 형태

- **가설적** - 어릴 때 어머니와의 관계가 현재 여자친구 문제로 연결

되고 있는 것 같군요.

- **질문 형태 —** 연상의 여자친구를 사귀는 것이 어머니와 관계가 있다고 생각하세요?

- **반복적 제시**

  상 : 어렸을 때 어머니가 많이 바빠서 외로웠다고 했는데 지금은 어떤가요?

  내 : 글쎄요. 잘 모르겠는데요.

  상 : 그래요. 잘 모를 수도 있지만, 여자 친구와의 문제를 얘기하면서 어머니가 떠올랐고 외로웠다고 지난번에 얘기했었지요.

영화 <굿 윌 헌팅>에서 윌은 자신의 청소부일에 만족한다고 한다. 그러자 숀은 그 많은 청소부 중에서 왜 하필 MIT 공대 청소부를 하고 있는지를 되물으며 직면시킨다.

윌은 허를 찔린 듯 말을 잃고 생각에 잠긴다. 자신도 미처 깨닫지 못했던 점을 상담자에게 들켰기 때문일 수도 있지만, 그에게는 무언가 큰 깨달음이 왔을 수 있다. 이럴 때보다 구체적으로 설명을 해줄 필요가 있다.

예 내(윌) : 나는 청소부로 일하는 것에 만족해요.

상(숀) : 그렇다면 하필이면 왜 수재들이 모인다는 MIT 공대에서 청소부를 하고 있는 거지? (직면)

내(윌) : ....!

상(손) : "니 말대로 청소부 일을 하던 어떤 일을 하던 그건 너의 자유야. 그런데 너는 그 많은 청소부 중에서 하필 수재들만이 모인다는 MIT 공대에서 청소부로 일하고 있다는 거야. 그것이 의미하는 것은 니가 말로는 꿈도 없고 아무것도 원하는 것이 없다고 하지만, 사실은 간접적이라도 너의 능력을 보여줄 수 있는 곳에 있고 싶었던 것이지. 그리고 아무도 못 푸는 수학문제를 풀게 됨으로써 그런 기회를 잡게 되었지"

PART 04
상담 윤리

── 환자 정보 유포에 직원 성희롱까지…정신과 의사 입건

정신과 의사 김모 씨의 트위터 팔로워였던 진모 씨는 지난달 중순 김 씨로부터 개인 메시지를 받았습니다. 김 씨가 진료한 환자 J씨와 김 씨 병원에 근무했던 직원 이름이 그대로 노출돼 있었습니다.

[진모 씨 : 한 번도 직접 뵌 적 없고 당황스러웠죠. 이걸 저한테 왜 보내셨죠?(라고 물어봤어요.)]

상담에서 알게 된 환자 정보를 직원들에게 수시로 얘기했습니다.

[N씨/퇴직 직원 (3년 근무) : 가슴이 큰 여자라든지 전부 다 성적인… 개인 정보, 본인한테 했던 얘기, 상담 내용 다 알게 되는 거죠.]

2년 간 진료한 우울증 환자 A씨의 사진을 직원 단체 대화방에 올리기도 했습니다.

[S씨/퇴직 직원 (5년 근무) : 이 사진을 보고 (좋아서) 죽겠다는 거예요.]

김 씨는 환자 A씨에게 병원에서 일해보라고 권유했습니다.

실제 작년 8월 A씨가 입사하자 희롱을 하기 시작했습니다.

[A씨/우울증 환자 · 직원 : "호텔에 가서 자자" 기겁했죠. 직원으로서보다 환자로서 믿었던 마음이 더 컸기 때문에…]

직접 연예인을 상담한 내용도 수시로 공개했다고 직원들은 전했습니다.

김 씨는 이러한 사실들을 전면 부인했습니다. 채팅 내역 등을 제시하자 해킹당했다고 주장했습니다.

대구 수성경찰서는 김 씨를 입건하고 의료법 위반 등의 혐의로 수사를 시작했습니다.

출처: [JTBC]뉴스 2018-04-06

위의 기사는 정신과 의사가 환자와 부적절한 관계를 갖고 개인정보를 유출하는 어이 없는 사건을 다룬 기사이다. 분명 이 의사도 상담윤리에 대해서 모르지는 않았을텐데 이런 행위를 했다는 것이 상식적으로 납득이 가지 않는다. 환자들이 받았을 충격을 생각하면 이런 일들이 재발되지 않도록 주의가 필요하다.

사실 이런 경우는 개인의 일탈이라고 볼 수도 있다. 대부분의 정신과 의사들이나 상담자들은 성실히 자신의 일을 하고 있다고 믿는다. 그런데 종종 내담자들을 만나다보면 어떻게 처신하는 것이 좋은지 판단이 서지 않을 때가 있다. 물론 윤리강령에 없는 일들이 벌어질 때도 많지만, 그럴 때일수록 초심으로 돌아가 윤리원칙이 무엇인지를 살펴보고 곱씹을 필요가 있다. 그래도 안 된다면, 동료나 선배 또는 수퍼바이저에게 도움을 요청하거나 상담학회 등에 문의를 하는 것도 필요하다고 생각한다.

윤리강령 중 비밀보장과 이중관계 및 성적관계 등을 중심으로 살펴보기로 한다. 부록에 상담가 윤리강령을 첨부하였으니 이 내용을 숙지하길 바란다.

01

비밀 보장

　로버트 드 니로, 빌리 크리스탈 주연의 영화 <애널라이즈 디스>[70] 에서는 빌 리가 마피아 로버트 드 니로를 상담하는 정신과 의사로 나온 다. 상담자는 내담자의 문제를 해결하기 위해 노력하였지만, 한편 으로는 비밀보장의 의무를 깨는 행동을 한다. 목적이 수단을 정당 화 할 수 있을까? 당연한 것이라고 여기며 내담자와 공유한 이야기 들을 비밀 보장할 것을 내담자에게 알려주며 안심을 시키지만 때로 는 이런 약속을 지키기가 어려운 상황이 발생하기 마련이다. 다음 은 필자가 상담센터를 운영하던 중 겪었던 일이다.

　사무실에 들어가니 실장님이 이상한 표정을 지으며 나에게 온 것 이라며 우편물을 건네준다. 다름 아닌 법원에서 보낸 소장이었다.

---

70)  애널라이즈 디스Analyze This(1999) (감독) 해롤드 래미스/(주연) 로버트 드 니로, 빌리크리스탈.

뜬금없이 소장이 온 것도 당황스러웠지만 겉봉에 '이혼'이라고 되어 있었다. 순간 머리가 하얗게 되었다.

'내가 언제 결혼을 했나?' 아무리 기억을 더듬어도 그럴 일이 없는데.... 결혼도 안 하고 이혼을 먼저 하는 경우도 있나? 너무 놀라 봉투를 뜯어 볼 엄두도 내지 못하다가 용기를 내어 내용을 확인하고 나서 어처구니없는 웃음이 터졌다. 다름 아닌 우리 치료실에서 치료를 받았던 아이의 부모가 이혼을 하는데 아이의 치료 기록이 필요하다고 법원에 제출하라는 것이었다.

놀라움은 어이없음으로 분노로 바뀌었다. 지금도 그때만 생각하면 화가 머리끝까지 솟는다.

법원에서 보낸 우편물의 내용은 협조하지 않으면 불이익이 있을 거라는 암시를 풍기는 매우 고압적이고 위압적인 문서였다. 분명 그 문서를 받은 어떤 이들은 겁을 먹고 그들이 하라는대로 해야한다고 생각했을지 모른다. 그러나, 나는 그런 그들의 태도에 분개하면서도 개인정보를 당사자의 허락없이 유출하는 것이 옳은 것인지여부를 따지는 것이 더 중요했다. 아이는 이미 치료가 종결된 상태였고 보호자인 엄마와는 연락이 되지 않는 상태여서 이런 상황을 물어볼 수 없었다. 혹시나 해서 문자를 남겼지만 답신은 오지 않았다. 그래서 나는 법원에 대략 다음과 같은 내용으로 답변서를 보냈다.

— 안녕하십니까, 저는 ○○○입니다.

얼마 전 ○○법원으로부터 소장을 받고 너무나 놀랐고 놀란 가슴이 아직도 진정이 되지 않습니다. 저희같은 평범한 소시민들에게 법원 소장이 어떤 의미인지 잘 모르시는 것 같습니다. ○○법원의 고압적이고 위압적인 태도에 유감을 표하는 바입니다(법조인들은 '유감'이란 말을 좋아하는 것 같다. 유감이라는 말은 청자나 화자에게 모두 해당되는 애매한 표현이면서도 자신의 감정을 에둘러 표현하기 때문에 이 용어를 자주 쓰는 것 같다).

본원은 귀 법원으로부터 ○○ 이혼 사건의 당사자의 자녀들이 본원에서 치료를 받았음으로 그 치료 내용을 복사하여 제출할 것을 요구받았습니다. ○○님의 자녀들이 본원에서 언어치료와 인지치료 등을 ~년 ~월에서 ~년 ~월까지 받은 사실이 있습니다. 그러나 치료 자료는 개인정보에 해당하는 것임으로 법원에서 요구를 한다고 하여도 당사자 동의 없이 이를 제출할 수는 없습니다.

이는 상담전문가 윤리강령 '5. 정보의 보호, 다. 비밀보호의 한계'에 따르면 법적으로 정보공개 요구는 비밀보호의 원칙에서 예외이지만, 내담자 허락 없이 정보를 요구할 경우 상담심리사는 내담자와의 관계를 해칠 수 있기 때문에 정보를 요구하지 말 것을 법원에 요청해야 합니다. 또한 사적인 정보를 공개해야 할 경우에는 기본적인 정보만을 밝히며 더 많은 사항을 밝히기 위해서는 정보공개 전 내담자에게 알려야 한다는 상담학회로부터 답신을 받았습니다. 현재 ○○님의 자녀들은 치료가 두 달 전에 종결된 상태이고 보호자인 ○○님과도 연락이 닿지 않습니다. 따라서 당사자가 동의한다는 연락을 주거나 직접 자료를 가지고 오지 않는 이상 치료 자료를 제출하기는 어렵다고 사료됩니다. 이점 양해부탁드립니다. 감사합니다.

○○년 ○월 ○일 ○○센터 ○○○

○○○○ 법원 ○○○판사 귀중

내담자의 정보는 일종의 위임된 비밀정보이며 그 정보는 비밀이 지켜지는 조건하에서 얻어진 정보인 셈이다.[71] 내담자에게 있어서

---

71) 이장호·이동귀(2017), 상담심리학, 박영스토리.

비밀 보장은 매우 중요한 사항이다. 더욱이 요즘처럼 개인정보 유출을 조심하는 상황에서 아무리 법원이라고 하더라도 당사자의 동의 없이 정보를 공개할 수는 없는 것이다. 심지어 부부 사이나 가족 관계라고 하더라도 내담자가 성인이라면 그 내용을 함부로 공개해서는 안 된다.

예전에 한 부부가 상담을 온 적이 있었다. 두 사람 사이가 좋지 않았고(부인은 이혼을 원하고 있는 상태였음) 남편은 외도를 하고 있는듯했다. 그런데 남편이 자살 우려가 있어서 검사를 하고 이를 상의하기 위해 부인을 불렀다. 혹시라도 자살을 할 수 있기 때문에 이를 부인에게 알려야 하기 때문이었고 '약물'을 권하기 위해서였다. 그러나 혹시 몰라서 심리보고서는 공유하지 않았다. 그 이유는 당사자에게 허락을 받지 않았기 때문이다. 여기서 말하는 당사자는 상담을 받는 그 사람이며 법적인 보호자나 후견인이라고 하더라도 그 사람의 내밀한 사항을 동의 없이 유출해서는 안 된다. 그런데 종종 실수로 비밀을 유출해서 호되게 혼이 나는 경우를 가끔 보게 된다. 심지어는 법적 분쟁에 휘말린 경우도 보았다.

법적인 문제가 아니더라도 상담은 안전함을 제공해야 하고 내담자는 자신의 이야기가 타인에게 발설되지 않을 것이라는 확신이 없다면 솔직하게 자신을 드러낼 수 없다. 이건 아동과 청소년의 경우도 마찬가지다. 보호자라고 해도 상담에 방해되는 지나친 간섭이나 관여는 삼가야 한다.

—— 토의1. 내담자가 상담자에게 자살을 하겠다고 위협한다. 이럴 경우 비밀보장의 원칙은 지켜져야 하는가?

(부록 – 상담전문가 윤리강령 '5. 정보의 보호, 다. 비밀보호의 한계' 1항 참조 할 것)

—— 토의2. 어린 아동들의 경우 상담이 끝나고 나서 부모와 상담을 하는 데 어떤 경우는 아이가 상담받는 것을 직접 확인하고 싶다면서 CCTV를 설치하거나 유리문을 설치해달라고 요구한다면?

일방형 거울(one-way mirror)이 설치된 방에서 아동의 상담 과정을 지켜볼 수 있다. 그러나 상황이 여의치 않을 경우에는 어떤 대안들이 있을까?

02

이중관계

영화 <프라임 러브>에서 자신의 내담자가 자신의 아들과 연애를 하고 있다는 것을 알게 된 상담자메릴 스트립는 깊은 내적 갈등을 겪게 된다. 의도하지 않았으나 상담자는 내담자가 자신의 아들의 연인이 됨으로써 순수한 상담자와 내담자 관계를 유지하기가 어려워졌다.

\# 두 사람의 관계를 알기 전 모습　　　　\# 상담 종결 후 자신의 집에서 만나는 모습

이를 선배상담자수퍼바이저와 상담하는 장면이 나온다. 그녀는 이런 과정을 통해 자신을 다시 들여다보게 되고 결국, 내담자에게 이런 상황을 이야기하고 상담을 종료한다. 그리고는 두 사람의 관계

를 자연스럽게 받아들이는 과정이 나온다.

직감적으로 두 사람의 관계가 오래 가지 않을 것을 예감하고 눈물을 흘리는 장면은 인상적이다. 상담자로서의 인간적인 고뇌와 갈등이 고스란히 전달되어져 오는 듯했다.

\# 상담자가 다른 상담자에게 분석을 받는 모습

위의 관계도 이중관계라고 볼 수 있다. 이런 이중관계 또는 다중관계는 친구, 친인척, 지인 등 사적인 관계에 있는 사람들이고 내담자와 관계가 있는 인물들인 상사나 지도교수 등일 수 있다. 이에 대한 윤리강령은 아래 부록 **4조. 상담관계 중 가. 다중 관계**를 참고하기를 바란다.

왜 이런 이중관계를 피해야하는지에 대해 의문을 가질 수 있다. 상담관계 자체가 친밀감을 유지해야 하는데 사적으로 친밀함을 유지하는 것이 무엇이 문제인가? 이유는 그런 관계가 상담결과에 영향을 미칠 수 있기 때문이다. 영화 <프라임 러브>에서도 상담자는 내담자와 자신의 아들과의 관계를 알게 되면서부터 상담자로서 사실을 알고도 감추고 있다는 죄책감, 엄마로서의 자식에 대한 책임감 등이 상충되면서 갈등에 빠지게 됨으로서 객관성을 잃게 되고 상담에 몰입하지 못하게 된다.

또한, 상담자는 내담자보다는 힘의 우위에 있기 때문에 자칫하면 이중관계는 착취적인 관계로 변질될 수도 있다. 예를 들어 상담자가 지도교수이면서 상담자를 겸할 경우가 그런 경우에 해당한다. 학생의 입장에 있는 내담자는 지도교수의 부탁이나 지시를 거부하기 힘들 것이기 때문이다.

1997년 개봉, 잭 니콜슨, 헬렌 헌트 주연의 <이보다 더 좋을 순 없다>의 주인공은 이름 있는 작가이지만 강박장애로 인해 사회생활이나 일상생활에 어려움을 겪는다. 그는 늘 자신이 찾는 식당에서 같은 자리 같은 웨이트리스(헬렌 헌트)에게 주문하고 늘 같은 음식을 주문하고 일회용 수저를 사용해 주문한 음식을 먹는다.

그런 그가 상담가에게 만나줄 것을 요구하며 사무실로 쳐들어간다. 이럴 경우 상담가는 어떻게 행동해야 할까? 평소 상담을 진행해왔고 친분이 있는 내담자라면 그냥 돌려보내기가 쉽지 않을 것이다. 이때 상담자는 조용하면서도 단호하게 시간 약속을 하지 않으면 상담을 해줄 수 없다고 말하고 그를 돌려보낸다. 이는 상담자가 요구적이면서도 까다로운 내담자를 상대할 때 내담자와 경계를 설정하는 것으로 영화에서 잘 묘사되었다고 생각한다.

#갑작스러운 상담 요청을 단호하게 거절하는 상담사

—— 토의 : 내담자의 갑작스런 방문이나 전화 또는 사적으로 식사 등을 제안할 때 어떻게 대응하는 것이 좋을까.

03

성적관계

이중관계나 다중관계 보다도 더 나쁜 것은 내담자와 성적인 관계를 맺는 것이다. 얼마 전 한 내담자가 상담하면서 사랑에 빠질 수도 있나요? 하면서 묻는다. 그래서 그런 건 영화속에서나 가능한 일이라고 말해줬다. 영화 <사랑과 추억>[72]에서는 이런 내용을 다루고 있다.

상담사바버라 스트라이센드는 자신이 상담하다가 자살한 내담자의 오빠닉놀테를 만나게 되고 두 사람은 사랑에 빠지고 성관계를 갖게 된다. 이것은 명백히 부적절한 행위이다. 그 이유는 상담자와 내담자는 도움을 주고 받는 관계이며 내담자는 상대적으로 취약한 상태에 있는 사람들이기 때문에 이를 이용하여서는 안 된다는 것이다.

---

72) 사랑과 추억The Prince Of Tides(1991) (감독) 바브라 스트라이샌드/(주연) 바브라 스트라이샌드, 닉 놀테.

그리고 취약해질 때로 취약해진 상태에서 누군가가 자신의 이야기를 들어주고 집중하며 수용해준다면 상담자에게 애정을 갖게 될 수도 있다. 그러나 이것은 어디까지나 상담관계 내에서 전이가 일어난 것이라고 할 수 있고 상담에 전혀 도움이 되지 않을뿐더러 내담자에게 손상을 주는 행위이다. 이런 관계 내에서 애정이 생겼다고 해서 그것을 사랑이라고 할 수 있을까?

만약 이런 상황에 빠졌다면 상담가는 다른 전문가의 도움을 받거나 상담을 종결해야 한다.

── 토의 : 그렇다면 상담이 종결된 후에는 이성관계를 가져도 무방할까?

이는 부록 4조. 상담관계 중 나. 성적 관계 (4)항을 참조하길 바란다.

상담심리사 윤리강령

한국상담심리학회는 인간의 존엄성과 가치를 존중하고 다양한 심리적 조력활동을 통해, 개인이 자기를 실현하는 삶을 살도록 돕는다. 본 학회는 이러한 목적을 구현하기 위하여 상담심리사 자격제도를 운영한다. 본 학회에서 인증한 상담심리사1급, 2급와 상담심리사 수련과정에 있는 학회원은 전문가로서의 능력과 자질을 향상시키며, 상담심리사의 역할을 하는데 있어 내담자의 복지를 최우선 순위에 둔다. 상담심리사는 전문적인 상담 활동을 통해 내담자의 개인적인 성장을 넘어, 국민의 심리적 안녕을 도모함으로써 사회적 공익에 기여한다. 이러한 책무를 다하기 위해 상담심리사는 전문성, 성실성, 사회적 책임, 인간 존중, 다양성 존중의 원칙을 따른다. 윤리강령의 준수는 내담자와 상담자 보호 및 상담자의 전문성 증진에 기여한다. 이를 위하여 상담심리사는 다음과 같은 윤리 강령을 숙지하고 준수할 것을 다짐한다.

1. 전문가로서의 태도

가. 전문적 능력

(1) 상담심리사는 자신의 능력의 한계를 인정하고 교육과 수련, 경험 등에 의해 준비된 역량의 범위 안에서 전문적인 서비스와 교육을 제공한다.

(2) 상담심리사는 자신이 가진 능력 이상의 것을 주장하거나 암시해서는 안 되며, 타인에 의해 능력이나 자격이 오도되었을 때에는 수정해야 할 의무가 있다.

(3) 상담심리사는 문화, 신념, 종교, 인종, 성적 지향, 성별 정체성, 신체적 또는 정신적 특성에 대한 자신의 편견을 자각하고, 이를 극복하기 위해 노력해야 한다. 특히 위와 같은 편견이 상담 과정을 방해할 우려가 있을 경우 자문, 사례지도 및 상담을 요청해야 한다.

(4) 상담심리사는 자신의 활동분야에 있어서 최신의 과학적이고 전문적인 정보와 지식을 유지하기 위해 지속적인 교육과 연수의 필요성을 인식하고 참여한다.

(5) 상담심리사는 자신의 전문적 능력에 대해 정확히 인식하고 정기적으로 전문인으로서의 능력과 효율성에 대해 자기점검 및 평가를 해야 한다. 상담자로서 직무를 수행하는데 방해가 되는 개인적 문제나 능력의 한계를 인식하게 될 경우 지도감독이나 전문적 자문을 받을 책무가 있다.

나. 성실성

(1) 상담심리사는 자신의 신념체계, 가치, 제한점 등이 상담에 미칠 영향력을 자각해야 한다.

(2) 상담심리사는 내담자에게 상담의 목표와 이점, 한계와 위험성, 상담료 지불방법 등을 명확히 알린다.

(3) 상담심리사는 능력의 한계나 개인적인 문제로 내담자를 적절하게 도와줄 수 없을 때, 전문적 자문과 지원을 받는 등의 적절한 조치를 취한 뒤, 직무수행을 제한할지 아니면 완전히 중단할지 여부를 결정해야 한다.

(4) 상담심리사는 자신의 질병, 죽음, 이동, 퇴직으로 인한 상담의 갑작스런 중단가능성에 대비하고 있어야 하며, 또한 내담자의 이동이나 재정적 한계 등과 같은 요인에 의해 상담이 중단될 경우, 이에 대해 적절한 조치를 취해야 한다.

(5) 상담심리사는 내담자가 더 이상 도움을 필요로 하지 않거나, 상담을 지속하는 것이 더 이상 내담자에게 도움이 될 가능성이 없거나, 오히려 내담자에게 해가 될 것이 분명하다면 상담 관계를 종결해야 한다. 내담자가 다른 전문가를 필요로 할 경우에는 적절한 과정을 거쳐 의뢰하거나 관련 정보를 제공한다.

(6) 상담심리사는 개인의 이익을 위해 상담전문직의 가치와 품위를 훼손하는 행동을 해서는 안 된다.

(7) 상담심리사는 자신이 지도감독 내지 평가하거나 기타의 권위를 행사하는 대상, 즉 내담자, 학생, 수련생, 연구 참여자 및 피고용

인을 물질적, 신체적, 업무상으로 착취하지 않는다.

(8) 상담심리사는 자신의 기술이나 자료가 다른 사람들에 의해 오용될 가능성이 있는 활동에 참여해서는 안 되며, 이런 일이 일어난 경우에는 이를 바로잡거나 최소화하는 조치를 취한다.

다. 자격관리

(1) 상담심리사는 자신의 자격급수와 상담경력을 정확히 알려야 하며, 자신의 자격을 과장하지 않는다.

(2) 상담심리사는 자신이 상담 관련 분야에서 취득한 최종 학위 및 전공을 정확히 명시하고, 그 이외의 분야에서 취득한 학위가 있더라도 그것을 마치 상담 관련 학위인 것처럼 알리지 않는다.

(3) 상담심리사는 자신의 전문자격을 유지하기 위하여 지속적인 교육, 연수를 받아야 한다. 만약 자격이 정지되었을 경우에는 이에 따른 책임을 지며 자격을 회복하기 위해 노력한다.

2. 사회적 책임

가. 사회와의 관계

(1) 상담심리사는 사회의 윤리와 도덕 기준을 존중하고, 사회공익과 상담분야의 발전을 위해 최선을 다한다.

(2) 상담심리사는 필요시 무료 혹은 저가의 보수로 자신의 전문성을 제공하는 사회적 공헌 활동에 참여한다.

(3) 상담비용을 책정할 때 상담심리사들은 내담자의 재정상태를 고려하여야 한다. 책정된 상담료가 내담자에게 적절하지 않을 때에는, 대안적 서비스를 받을 수 있도록 돕는다.

(4) 상담심리사는 상담자 양성에 도움이 되는 다양한 전문적 활동에 참여한다.

나. 고용 기관과의 관계

(1) 상담심리사는 자신이 종사하는 기관의 목적과 방침에 공헌할 수 있는 활동을 할 책임이 있다. 기관의 목적과 방침이 상담자 윤리와 상충될 때에는 이를 해결하기 위해 노력해야 한다.

(2) 상담심리사는 근무기관의 관리자 및 동료들과 상담업무, 비밀보장, 직무에 대한 책임, 공적 자료와 개인자료의 구별, 기록된 정보의 보관과 처분에 관하여 상호 협의해야 한다. 상호 협의한 관계자들은 협의 내용을 문서화하고 공유한다.

(3) 상담심리사는 자신이 속한 기관의 효율성에 제한을 줄 수 있는 상황에 대해 미리 알려주어야 한다.

다. 상담 기관 운영자

(1) 상담기관 운영자는 기관 내에서 이루어지는 제반 상담활동을 관리 감독함에 있어, 내담자의 권리와 복지를 최우선으로 고려해야 한다.

(2) 상담기관 운영자는 방음, 편안함, 주의집중 등을 고려하여 상담

및 심리평가에 적합한 독립된 공간을 제공해야 한다.

(3) 상담기관 운영자는 상담심리사를 포함한 피고용인의 권리와 복지 보장 및 전문성 제고를 위해 최선의 노력을 다할 책임이 있다.

(4) 상담기관 운영자는 업무에 적합한 전문성을 갖춘 상담심리사를 고용하고, 이들의 증명서, 자격증, 업무내용, 기타 상담자와 관련된 다른 정보 등을 정확하게 파악하고 관리하여야 한다.

(5) 상담기관 운영자는 직원들에게 기관의 목표와 활동에 대해 알려주어야 한다.

(6) 상담기관 운영자는 고용, 승진, 인사, 연수 및 지도시에 성별, 장애, 나이, 성적 지향, 성별 정체성, 사회적 신분, 외모, 인종, 가족형태, 종교 등을 이유로 차별적인 행동을 해서는 안 된다.

(7) 상담기관 운영자는 고용을 빌미로 상담심리사가 원치 않는 유료 상담, 유료 교육, 내담자 모집을 강제해서는 안 된다.

라. 다른 전문직과의 관계

(1) 상담심리사는 함께 일하는 다른 전문적 집단의 특성을 존중하고, 상호 협력적 관계를 도모한다.

(2) 공적인 자리에서 개인 의견을 말할 경우, 상담심리사는 그것이 개인적 의견에 불과하며 상담심리사 전체의 견해나 입장이 아님을 분명히 해야 한다.

(3) 상담심리사는 내담자가 다른 정신건강 전문가의 서비스를 받고 있음을 알게 되면, 내담자로 하여금 상담 사실을 그 전문가에게

알리도록 권유하고, 긍정적이고 협력적인 치료관계를 맺도록
노력한다.

(4) 상담심리사는 내담자 의뢰나 소개와 관련한 비용을 수취하거나
요구하지 않는다.

마. 자문

(1) 자문이란 개인, 집단, 사회단체가 전문적인 조력자의 도움이 필
요하여 요청한 자발적인 관계를 말한다. 상담심리사는 자문을
요청한 개인이나 기관의 문제 혹은 잠재된 문제를 규명하고 해
결하는데 도움을 준다.

(2) 상담심리사는 자신이 자문에 참여하는 개인 또는 기관에게 도
움을 주는데 필요한, 자질과 능력을 갖추었는지를 스스로 검토
하고 자문에 임해야 한다.

(3) 상담심리사는 자문에 임할 때 자신의 가치관, 지식, 기술, 한계
성이나 욕구에 대한 깊은 자각이 있어야 하고, 자문의 초점은
문제를 가진 사람이 아니라 풀어나가야 할 문제 자체에 두어야
한다.

(4) 자문 관계는 자문 대상자가 스스로 성장해 나가도록 격려하고
고양하는 것이어야 한다. 상담심리사는 이러한 역할을 일관성
있게 유지해야 하고, 자문 대상자가 스스로의 의사결정자가 되
도록 도와주어야 한다.

(5) 상담활동에서 자문의 활용에 대해 홍보할 때는 학회의 윤리강

령을 성실하게 준수해야 한다.

바. 홍보

(1) 상담심리사는 전문가로서의 자신의 자격과 상담경력에 대해 대중에게 정확하게 홍보해야 하며, 오해를 일으킬 수 있거나 거짓된 내용을 전달해서는 안 된다.

(2) 상담심리사는 일반인들에게 상담의 전문적 활동이나 상담 관련 정보, 기대되는 상담효과 등을 정확하게 알려주어야 한다.

(3) 상담심리사는 출판업자, 언론인 혹은 후원사 등이 상담의 실제나 전문적인 활동과 관련된 잘못된 진술을 하는 경우 이를 시정하고 방지하도록 노력한다.

(4) 상담심리사가 워크숍이나 상담 프로그램을 홍보할 때는 참여자의 선택을 위해서 정확한 정보를 제공해야 한다.

(5) 상담심리사는 상담자의 품위를 훼손하지 않도록 책임의식을 가지고 홍보해야 한다.

(6) 상담심리사는 홍보에 활용하기 위하여 내담자에게 소감문 작성이나 사진 촬영 등을 강요하지 않는다.

(7) 상담심리사는 자신이 실제로 상담 및 자문 활동을 하지 않는 상담기관이 자신의 이름을 기관의 홍보에 사용하지 않도록 해야 한다.

3. 내담자의 복지와 권리에 대한 존중

가. 내담자 복지

(1) 상담심리사의 일차적 책임은 내담자의 복지를 증진하고 존엄성을 존중하는 것이다.

(2) 상담심리사는 내담자의 잠재력을 개발하여 건강한 삶을 영위하도록 도움을 주며, 어떤 방식으로도 해를 끼치지 않는다.

(3) 상담심리사는 상담관계에서 오는 친밀성과 책임감을 인식해야한다. 상담심리사의 개인적 욕구충족을 위해서 내담자를 희생시켜서는 안 되며, 내담자로 하여금 의존적인 상담관계를 형성하지 않도록 노력해야 한다.

(4) 상담심리사는 직업 문제와 관련하여 내담자의 능력, 일반적인 기질, 흥미, 적성, 욕구, 환경 등을 고려하면서 내담자와 함께 노력하지만, 내담자의 일자리를 찾아주거나 근무처를 정해줄 의무가 있는 것은 아니다.

나. 내담자의 권리와 사전 동의

(1) 내담자는 상담 계획에 참여할 권리, 상담을 거부하거나 상담 개입방식의 변화를 거부할 권리, 그러한 거부에 따른 결과에 대해 고지 받을 권리, 자신의 상담 관련 정보를 요청할 권리 등이 있다.

(2) 상담심리사는 상담을 시작할 때 내담자가 충분한 설명을 듣고 선택할 수 있도록 적절한 정보를 제공해야 하고, 상담자와 내담

자 모두의 권리와 책임에 대해서 알려줄 의무가 있다. 이러한 사전동의 절차는 상담과정의 중요한 부분이며, 내담자와 논의 하고 합의된 내용을 적절하게 문서화한다.

(3) 상담심리사가 내담자에게 설명해야 할 사전동의 항목으로는 상 담자의 자격과 경력, 상담 비용과 지불 방식, 치료기간과 종결 시기, 비밀보호 및 한계 등이 있다.

(4) 상담심리사는 내담자에게 상담 과정의 녹음과 녹화 가능성, 사 례지도 및 교육에의 활용 가능성에 대해 설명하고, 내담자에게 동의 또는 거부할 권리가 있음을 알려야 한다.

(5) 내담자가 미성년자 혹은 자발적인 동의를 할 수 없는 경우, 상담 심리사는 내담자의 최상의 복지를 고려하여, 보호자 또는 법정 대리인의 사전 동의를 구해야 한다.

(6) 상담심리사는 미성년인 내담자를 상담할 때, 필요하면 부모나 보호자가 상담에 참여 할 수 있음을 내담자에게 알린다. 이 경 우, 상담자는 부모 혹은 보호자의 참여에 앞서 그 영향을 고려 하고 내담자의 권익을 보호하도록 한다.

다. 다양성 존중

(1) 상담심리사는 모든 인간의 기본적인 권리, 존엄성, 가치를 존중하 며 성별, 장애, 나이, 성적 지향, 성별 정체성, 사회적 신분, 외모, 인종, 가족형태, 종교 등을 이유로 내담자를 차별하지 않는다.

(2) 상담심리사는 내담자의 다양한 문화적 배경을 이해하려고 적극

적으로 시도해야 하며, 상담심리사 자신의 고유한 문화적 정체
성이 상담과정에 어떤 영향을 주는지 인식해야 한다.

(3) 상담심리사는 자신의 고유한 가치, 태도, 신념, 행위를 인식하
고, 내담자에게 자신의 가치를 강요하지 않는다.

4. 상담관계

가. 다중 관계

(1) 상담심리사는 객관성과 전문적인 판단에 영향을 미칠 수 있는
다중 관계는 피해야 한다. 가까운 친구나 친인척, 지인 등 사적
인 관계가 있는 사람을 내담자로 받아들이면 다중 관계가 되므
로, 다른 전문가에게 의뢰하여 도움을 준다. 의도하지 않게 다
중 관계가 시작된 경우에도 적절한 조치를 취해야 한다.

(2) 상담심리사는 상담할 때에 내담자와 상담 이외의 다른 관계가
있다면, 특히 자신이 내담자의 상사이거나 지도교수 혹은 평가
를 해야 하는 입장에 놓인 경우라면 그 내담자를 다른 전문가에
게 의뢰한다.

(3) 상담심리사는 내담자와 상담실 밖에서 연애 관계나 기타 사적
인 관계소셜미디어나 다른 매체를 통한 관계 포함를 맺거나 유지하지 않
는다.

(4) 상담심리사는 내담자와의 관계에서 상담료 이외의 어떠한 금전
적, 물질적 거래를 해서는 안 된다.

(5) 상담심리사는 내담자의 선물로 인해 발생할 수 있는 문제를 숙고해야 한다. 선물의 수령 여부를 결정함에 있어서 상담 관계에 미치는 영향, 선물의 의미, 내담자와 상담자의 동기, 현행법 위반 여부 등을 신중하게 고려해야 한다.

나. 성적 관계

(1) 상담심리사는 내담자 및 내담자의 보호자, 친척 또는 중요한 타인에게 자신의 지위를 이용하여 성희롱 또는 성추행을 포함한 성적 접촉을 해서는 안 된다.

(2) 상담심리사는 내담자 및 내담자의 보호자, 친척 또는 중요한 타인과 성적인 관계를 가져서는 안 된다.

(3) 상담심리사는 이전에 연애 관계 또는 성적인 관계를 가졌던 사람을 내담자로 받아들이지 않는다.

(4) 상담심리사는 상담관계가 종결된 이후 적어도 3년 동안은 내담자와 성적인 관계를 맺지 않아야 한다. 그 후에라도 가능하면 내담자와 성적인 관계는 갖지 않는다.

다. 여러 명의 내담자와의 관계

(1) 상담심리사가 두 명 이상의 사람들에게 상담 서비스를 제공하는 경우예: 남편과 아내, 부모와 자녀, 누가 내담자이며 각각의 사람들과 어떤 관계를 맺어갈지를 명확히 하고 상담을 시작해야 한다.

(2) 만약에 상담심리사가 내담자들 사이에서 상충되는 역할을 해야
    된다면, 상담심리사는 그 역할에 대해서 명확히 하거나, 조정하
    거나, 그 역할로부터 벗어나도록 한다.

라. 집단상담

(1) 상담심리사는 집단 목표에 부합하는 집단원들을 모집하여 집단
    상담이 원활히 진행되도록 한다.

(2) 상담심리사는 집단참여자를 물리적 피해나 심리적 외상으로부
    터 보호하기 위해 충분한 주의를 기울인다.

(3) 집단 리더는 지위를 이용하여 집단원의 권리와 복지를 훼손하지
    않는다. 또한, 집단 과정에서 집단원의 선택의 자유를 존중하고,
    이들이 집단 압력으로부터 보호 받을 권리가 있음을 유념한다.

(4) 집단 리더는 다중관계가 될 수 있는 가까운 친구나 친인척, 지인
    등을 집단원으로 받아들이지 않는다. 또한, 집단상담이 끝난 후
    집단원과 사적인 관계를 맺거나 유지하지 않는다.

5. 정보의 보호 및 관리

가. 사생활과 비밀보호

(1) 상담심리사는 상담과정에서 알게 된 내담자의 민감한 정보를
    다룰 때 특별히 주의해야 하고, 상담과 관련된 모든 정보의 관
    리에 있어 개인정보 보호와 관련된 법을 준수해야 한다.

(2) 상담심리사는 사생활과 비밀유지에 대한 내담자의 권리를 최대한 존중해야 할 의무가 있다.

(3) 내담자의 사생활 보호에 대한 권리는 존중되어야 하나, 때로 내담자나 내담자가 위임한 법정 대리인의 요청에 의해 제한될 수 있다.

(4) 내담자의 사생활 보호가 제한되는 경우라 하더라도, 상담심리사는 내담자의 사생활 침해를 최소화하기 위해 노력해야 하고, 문서 및 구두 보고 시 사생활에 관한 정보를 포함시켜야 할 경우 그 목적과 밀접한 관련이 있는 정보만을 포함시킨다.

(5) 상담심리사는 강의, 저술, 동료 자문, 대중매체 인터뷰, 사적 대화 등의 상황에서 내담자의 신원확인이 가능한 정보나 비밀 정보를 공개하지 않는다.

(6) 상담심리사는 상담 기관에 소속된 모든 구성원과 관계자들에게도 내담자의 사생활과 비밀이 보호되도록 주지시켜야 한다.

나. 기록

(1) 상담기관이나 상담심리사는 상담의 기록, 보관 및 폐기에 관한 규정을 마련하고 준수해야 한다.

(2) 상담심리사는 법, 규정 혹은 제도적 절차에 따라, 상담기록을 일정기간 보관한다. 보관 기간이 경과된 기록은 파기해야 한다.

(3) 공공기관이나 교육기관 등은 각 기관에서 정한 기록 보관 연한을 따르고, 이에 해당하지 않는 경우에는 3년 이내 보관을 원칙

으로 한다.

(4) 상담심리사는 상담의 녹음 및 기록에 관해 내담자의 동의를 구한다.

(5) 상담심리사는 면접 기록, 심리검사 자료, 편지, 녹음 파일, 동영상, 기타 기록 등 상담과 관련된 기록들이 내담자를 위해 보존된다는 것을 인식하며, 상담기록의 안전과 비밀보호에 책임을 진다.

(6) 상담심리사는 내담자가 합당한 선에서 기록물에 대한 열람을 요청할 경우, 열람할 수 있도록 한다. 단, 상담심리사는 기록물에 대한 열람이 내담자에게 해악을 끼친다고 사료될 경우 내담자의 기록 열람을 제한한다.

(7) 상담심리사는 내담자의 기록 열람에 대한 요청을 문서화하며, 기록의 열람을 제한할 경우, 그 이유를 명기한다.

(8) 복수의 내담자의 경우, 상담심리사는 각 개별 내담자에게 직접 해당되는 부분만을 공개하며, 다른 내담자의 정보에 관련된 부분은 노출되지 않도록 한다.

(9) 상담심리사는 기록과 자료에 대한 비밀보호가 자신의 죽음, 능력상실, 자격박탈 등의 경우에도 보호될 수 있도록 미리 계획을 세운다.

(10) 상담심리사는 상담과 관련된 기록을 보관하고 처리하는데 있어서 비밀을 보호해야 하며, 이를 타인에게 공개할 때에는 내담자의 직접적인 동의를 받아야 한다.

다. 비밀보호의 한계

(1) 내담자의 생명이나 타인 및 사회의 안전을 위협하는 경우, 내담자의 동의 없이도 내담자에 대한 정보를 관련 전문인이나 사회에 알릴 수 있다.

(2) 내담자가 감염성이 있는 치명적인 질병이 있다는 확실한 정보를 가졌을 때, 상담심리사는, 그 질병에 위험한 수준으로 노출되어 있는 제삼자_{내담자와 관계 맺고 있는}에게 그러한 정보를 공개할 수 있다. 상담심리사는 제삼자에게 이러한 정보를 공개하기 전에, 내담자가 자신의 질병에 대해서 그 사람에게 알렸는지, 아니면 스스로 알릴 의도가 있는지를 확인한다.

(3) 법원이 내담자의 동의 없이 상담심리사에게 상담 관련 정보를 요구할 경우, 상담심리사는 내담자의 권익이 침해되지 않도록 법원과 조율하여야 한다.

(4) 상담심리사는 내담자 정보를 공개할 경우, 정보 공개 사실을 내담자에게 알려야 한다. 정보 공개가 불가피할 경우라도 최소한의 정보만을 공개한다.

(5) 여러 전문가로 구성된 팀이 개입하는 상담의 경우, 상담심리사는 팀의 존재와 구성을 내담자에게 알린다.

(6) 비밀보호의 예외 및 한계에 관한 타당성이 의심될 때에 상담심리사는 동료 전문가 및 학회의 자문을 구한다.

라. 집단상담과 가족상담

(1) 집단상담을 할 경우, 상담심리사는 그 특정 집단에 대한 비밀 보장의 중요성과 한계를 명백히 설명한다.

(2) 가족상담에서 상담심리사는 각 가족 구성원의 사생활 보호에 대한 권리를 존중한다. 한 가족 구성원에 대한 정보는, 해당 구성원의 허락 없이는 다른 구성원에게 공개될 수 없다. 단, 미성년자 혹은 심신미약자가 포함된 경우, 이들에 대한 비밀보장은 위임된 보호자에 의해 제한될 수 있다.

마. 상담 외 목적을 위한 내담자 정보의 사용

(1) 교육이나 연구 또는 출판을 목적으로 상담관계로부터 얻어진 자료를 사용할 때에는 내담자의 동의를 구해야 하며, 각 개인의 익명성이 보장되도록 자료 변형 및 신상 정보의 삭제와 같은 적절한 조치를 취하여 내담자에게 피해를 주지 않도록 한다.

(2) 다른 전문가의 자문을 구할 경우, 상담심리사는 사전에 내담자의 동의를 구해야 하며, 적절한 조치를 통해 내담자의 사생활과 비밀을 보호하도록 노력한다.

바. 전자 정보의 관리 및 비밀보호

(1) 전자기기 및 매체를 활용하여 상담관련 정보를 기록·관리하는 경우, 상담심리사는 기록의 유출 또는 분실 가능성에 대해 경각심과 주의의무를 가져야 하며 내담자의 정보보호를 위해 적극

적인 노력을 해야 한다.

(2) 내담자의 기록이 전산 시스템으로 관리되는 경우, 상담심리사
는 접근 권한을 명확히 설정하여 내담자의 신상이 드러나지 않
도록 조치를 취한다.

6. 심리평가

가. 기본 사항

(1) 심리평가의 목적은 심리검사를 활용하여 내담자의 자기이해 및
의사결정을 돕고 치료계획을 수립하는 데 있다.

(2) 상담심리사는 규정된 전문적 관계 안에서만 심리검사를 활용한
진단, 평가 및 개입을 한다.

(3) 심리평가에 대한 상담심리사의 결과 해석, 소견 및 권고는 충분
한 정보와 근거를 바탕으로 이루어져야 하며, 상담심리사는 이
에 대한 내담자의 알권리를 존중한다.

(4) 상담심리사는 심리검사의 결과나 해석을 오용해서는 안 되며,
전문적 자격을 갖추지 않은 사람에 의한 심리검사의 개발, 출
판, 배포, 사용에 대해서는 적절한 조치를 취한다.

(5) 상담심리사는 내담자 혹은 내담자의 법정대리인의 동의가 있는
경우에만 내담자의 개인정보가 포함된 심리평가 관련 자료를
공개한다. 단, 공개 대상은 자료를 해석할만한 충분한 자격을
갖춘 전문가로 제한한다.

나. 검사를 사용하고 해석하는 능력

(1) 상담심리사는 심리평가를 수행함에 있어 평가 도구의 채점, 해석과 사용, 관리에 대한 책임이 있으며, 자신이 훈련받은 검사와 평가만을 수행해야 한다. 이는 온라인 검사의 경우에도 해당된다.

(2) 상담심리사는 검사도구의 타당도와 신뢰도, 검사도구의 개발과 사용 지침에 대해 이해하고 있어야 한다.

(3) 상담심리사는 검사의 실시, 채점 및 해석이 제공되는 온라인 검사의 경우에도 원 검사의 구성 및 해석에 대해 숙지하고 있어야 한다.

(4) 상담심리사는 수련생이 심리검사를 유능하게 수행할 수 있는지 지속적으로 감독해야 한다.

다. 사전 동의

(1) 상담심리사는 심리평가 전에 내담자 또는 내담자의 법정 대리인에게 사전 동의를 받아야 한다. 사전 동의를 구할 때에는 검사의 목적과 용도, 비용에 대해 내담자가 이해할 수 있도록 설명해야 한다.

(2) 상담심리사는 검사결과를 제공할 때 내담자 혹은 내담자가 사전 동의한 수령인에게 결과를 전달하고 적절한 해석을 제공해야 한다. 이는 집단으로 실시된 검사에도 해당된다.

라. 검사의 선택 및 실시

(1) 상담심리사는 내담자에게 적절한 심리검사를 선택해야 하며 검사의 타당도와 신뢰도, 제한점 등을 고려한다.

(2) 상담심리사는 다문화 배경을 가진 내담자를 위한 심리검사 선택시, 그의 사회문화적 맥락을 신중히 고려해야 한다.

(3) 상담심리사는 표준화된 조건에 따라 검사를 시행한다. 검사가 표준화된 조건에서 시행되지 않거나, 검사 수행 중 일반적이지 않은 행동 혹은 예외적인 상황이 발생할 경우, 그러한 내용을 기록해야 하고, 그 검사결과의 타당성을 의심하거나 무효 처리할 수 있다.

(4) 상담심리사는 신뢰할 수 있는 검사결과를 얻기 위해 검사지 및 검사도구가 노출되지 않도록 주의하고 그 내용을 언급하지 않을 책임이 있다.

마. 검사 결과의 해석과 진단

(1) 상담심리사는 검사 해석에 있어서 성별, 장애, 나이, 성적 지향, 성별 정체성, 사회적 신분, 외모, 인종, 가족형태, 종교 등의 영향을 고려하고, 다른 관련 요인들과 통합 비교하여 검사 결과를 해석한다.

(2) 상담심리사는 경험적으로 입증되지 않은 평가 도구를 사용할 경우, 그 도구를 사용하는 목적을 내담자에게 설명하고 결과 해석에 신중해야 한다.

(3) 상담심리사는 정신장애에 대한 평가를 하는 경우 각별한 주의를 기울여야 한다. 내담자를 위한 치료 방향, 치료 유형 및 후속 조치를 결정하기 위해서 개인 면담 및 평가 방법을 신중하게 선택하고 사용한다.

(4) 상담심리사는 내담자의 문제가 그가 속한 문화의 영향을 받는다는 것을 인지하고, 정신장애 진단시 사회경제 및 문화적 경험을 고려해야 한다.

(5) 상담심리사는 정신장애를 진단하는 것이 내담자나 다른 사람들에게 해가 된다고 판단할 경우, 진단 혹은 진단 결과의 보고를 유보할 수 있다. 상담자는 진단이 지니는 긍정적, 부정적 함의를 신중하게 고려한다.

바. 검사의 안전성

(1) 상담심리사는 공인된 검사의 전부 또는 일부를 발행자 허가 없이 사용, 재발행, 수정하지 않는다.

(2) 상담심리사는 실시한 지 오래된 검사 결과에 기초한 평가를 피하고, 시대에 뒤떨어진 검사 도구를 사용하지 않는다.

(3) 상담심리사는 심리검사의 요강, 도구, 자극 또는 문항이 대중매체, 인터넷온라인등을 통해 노출되지 않도록 해야 하며, 또한 특정한 반응에 대한 구체적인 해석이 대중적으로 공개되지 않도록 해야 한다.

7. 수련감독 및 상담자 교육

가. 수련감독과 내담자 복지

(1) 수련감독자는 수련생이 진행하는 상담을 지도·감독할 때, 내담자의 복지를 우선적으로 고려해야 한다.

(2) 수련감독자는 수련생이 내담자들에게 상담 서비스를 제공함에 있어서, 자신의 자격 요건을 명확히 알리도록 지도한다.

(3) 수련감독자는 사전 동의 및 비밀보장 등의 권리가 내담자에게 있음을 수련생에게 주지시킨다.

나. 수련감독자의 역량과 책임

(1) 수련감독자는 사례지도 방법과 기법들에 대한 교육과 훈련을 받음으로써, 사례지도 역량을 향상시키기 위해 노력한다.

(2) 수련감독자는 전자 매체를 통하여 전송되는 모든 사례지도 자료의 비밀 보장을 위해서 주의하고, 필요한 조치를 취한다.

(3) 수련감독자는 사례지도를 진행할 때, 학회에서 권고한 사례지도 형식과 시간을 준수해야 한다.

(4) 수련감독자는 사례지도를 시작하기 전에, 진행 과정에 대해 충분히 설명한 후 동의를 받음으로써, 수련생의 적극적인 참여를 독려할 책임이 있다.

(5) 수련감독자는 수련생에게 그들이 준수해야 할 전문가적·윤리적 규준과 법적 책임을 숙지시킨다.

(6) 수련감독자는 지속적인 평가를 통해 수련생의 한계를 파악하고, 그가 자신의 한계를 인식하고 보완할 수 있도록 돕는다.

(7) 자격 심사 추천을 하는 주 수련감독자는 수련생이 합당한 역량을 모두 갖추었다고 여겨질 때에만 훈련과정을 확인 및 추천한다.

다. 수련감독자와 수련생 관계

(1) 수련감독자는 수련생과 상호 존중하며 윤리적, 전문적, 개인적 그리고 사회적 관계를 명료하게 정의하고 유지한다.

(2) 수련감독 관계의 변화나 확장이 있을 경우, 수련감독자는 그로 인한 문제가 발생하지 않도록 적절한 전문적 조치를 취한다.

(3) 수련감독자와 수련생은 성적 혹은 연애 관계를 갖지 않는다.

(4) 수련감독자와 수련생은 상호 성희롱 또는 성추행을 해서는 안 된다.

(5) 수련감독자는 가족, 친구, 동료 등 상대방에 대한 객관성을 유지하기 힘든 사람과 수련감독 관계를 맺지 않는 것을 원칙으로 한다.

라. 상담 교육자의 책임과 역할

(1) 상담 교육자는 상담과 관련된 자신의 지식과 능력 범위 안에서 교육을 제공하며, 상담 분야에서의 가장 새로운 정보와 지식을 활용한다.

(2) 상담 교육자는 교육과정에서 상담자의 다양성 인식 증진 및 다

문화적 역량 향상을 도모한다.

(3) 상담 교육자는 교육생들이 상담이라는 전문직의 윤리적 책임과 규준을 숙지할 수 있도록 지도하고, 교육자 스스로 윤리적인 역할 모델이 될 수 있도록 노력한다.

(4) 상담 교육자는 자신이 속한 기관의 정책과 실제가 수련과정의 취지와 어긋난다면, 가능한 범위에서 그 상황을 개선하도록 노력한다.

(5) 상담 교육자는 수련중인 학회 회원의 상담료나 교육비를 책정할 때 특별한 배려를 함으로써 상담자 양성에 기여한다.

(6) 강의나 수업 중에 내담자, 학생 혹은 수련생에 관한 정보나 이야기를 사례로 활용할 경우, 신상 정보를 충분히 변경하여 그 개인이 드러나지 않도록 보호한다.

(7) 상담 교육자는 교육생들이 훈련프로그램 중 상담자의 역할을 할 경우에도, 실제 상담자와 동일한 윤리적 의무와 책임이 있음을 인식하도록 지도한다.

(8) 상담 교육자는 평가대상이 되는 학생과 상담 관계를 맺지 않는다. 단, 학교 현장에서 교육의 목적으로 이루어지는 집단상담의 경우는 예외로 한다.

(9) 상담 교육자와 교육생은 성적 혹은 연애 관계를 갖지 않는다.

(10) 상담 교육자와 교육생은 상호 성희롱 또는 성추행을 해서는 안 된다.

8. 윤리문제 해결

가. 숙지의 의무

(1) 상담심리사는 본 윤리강령 및 적용 가능한 타 윤리강령을 숙지 해야 할 의무가 있다. 본 윤리강령에 대해 모르고 있거나, 잘못 이해했다고 해도 비윤리적 행위가 정당화될 수는 없다.

(2) 상담심리사는 현행법이 윤리강령을 제한할 경우, 현행법을 우 선적으로 적용한다. 만약 윤리강령이 현행법이 요구하는 것보 다 엄격한 기준을 설정하고 있다면 윤리강령을 따라야 한다.

(3) 특정 상황이나 행위가 윤리강령에 위반되는지 불분명할 경우, 상담심리사는 윤리강령에 대해 지식이 있는 다른 상담심리사, 해당 권위자 및 상벌윤리위원회의 자문을 구한다.

(4) 상담심리사는 사실이 아닌 일을 만들거나 과장해서 위반 사례 로 신고하거나 이를 조장하지 않는다.

나. 윤리위반의 해결

(1) 상담심리사는 다른 상담심리사의 윤리강령 위반을 인지한 경 우, 그 위반이 심각한 해를 끼치지 않는다면, 우선 해당 상담심 리사에게 윤리문제가 있음을 인식시킨다.

(2) 명백한 윤리강령의 위반으로 개인이나 조직이 실질적인 해를 입거나 그럴 가능성이 있는 경우 그리고 개별적인 시도로 해결 되지 않는 경우, 상담심리사는 상벌윤리위원회에 신고한다.

(3) 소속 기관 및 단체와 본 윤리강령 간에 갈등이 있을 경우, 상담심리사는 갈등의 본질을 명확히 하고, 소속 기관 및 단체에 윤리강령을 알려서 이를 준수하는 방향으로 해결책을 찾도록 한다.

다. 상벌윤리위원회와의 협조

상담심리사는 상벌윤리위원회의 업무에 협조한다. 상담심리사는 윤리강령을 위반한 것으로 신고 된 사건 처리를 위한 상벌윤리위원회의 조사, 요청, 기타 절차에 협력한다.

9. 회원의 의무

본 학회의 모든 회원정회원, 준회원은 상담심리사 자격 취득 여부와 상관없이 본 윤리강령을 준수할 의무가 있다. 윤리강령에 어긋나는 행위를 한 상담심리사는 윤리강령과 상담심리학회 회칙에서 정한 절차에 따라 징계를 받을 수 있다. 또한, 징계결과를 학회원, 다른 기관이나 개인에게 알릴 수 있다.

부 칙

(1) 본 윤리강령은 2003년 5월 17일부터 시행한다.
(2) 본 윤리강령은 학회 명칭과 상담전문가 명칭을 변경함에 따라 해당되는 용어를 수정하여 2004년 4월 17일자부터 시행한다.

(3) 본 개정 윤리강령은 2009년 11월 21일부터 시행한다.

(4) 본 개정 윤리강령은 2018년 1월 1일부터 시행한다.

출처 : 한국상담학회 www.counselors.or.kr

맺는 글

영화 <굿 윌 헌팅>에서 상담은 비교적 성공적으로 끝나는데, 상담이 성공적으로 종결되었다는 것은 내담자 윌이 자신의 문제를 해결하고 새로운 인생을 향해 나아가기 시작했음을 암시하는 편지를 통해 알 수 있다. 윌은 숀에게 사랑하는 여자를 만나러 간다는 내용의 편지를 쓰고 그녀를 만나기 위해 자신이 살던 곳을 떠난다.

숀이 윌의 편지를 읽고 나서 "감히 내 인생을 따라하다니" 하면서 웃는 장면이 인상적이다. 상담은 끝났고, 윌의 인생은 새롭게 시작된다는 희망적인 결말을 보여준다. 누군가를 사랑하게 되고 그 사랑에 자신의 인생을 걸 수 있다는 것은 하나의 결단이면서 누군가를 사랑하고 책임질 준비가 되었다는 것을 의미하는 것임으로 한 단계 성숙한 것이라는 의미일 수 있다.

나는 상담이 여행과 비슷하다고 생각한다. 상담자와 내담자가 목적지를 정하고 그 길을 어떡하면 지치지 않으면서 끝까지 갈 수 있을지 다양한 방법을 모색하면서 누군가는 걷고 뛰며 누군가는 그를 지지하고 독려하면서 같은 방향을 보고 가는 것이라고 생각한다.

만화 영화 <은하철도999> 73)에서 철이가 무사히 여행을 마치는데 메텔이라는 존재가 필요했듯 목적지에 도달하면 상담은 종결되고 각자 다시  각자의 길을 간다. 상담은 이별을 목적으로 한 만남이다. 그렇기에 상담의 종결은 상담자나 내담자에게는 무언가 해냈다는 의미로 성취감을 주기도 하면서 한편으로는 헤어짐의 섭섭함이 교차하는 작업이다.

월은 좋은 직장을 마다하고 사랑하는 여자를 찾아 떠난다. 그에게는 당장의 일보다는 '관계'가 더 중요한 일이었을 것이다. 상처뿐이었던 관계에서 새로운 관계로 첫발을 디디게 된다. 이제 그의 인생은 온전히 그의 것이다.

2018 올 한해 모두에게 행운이 깃들기 바라며 글을 마친다.

2018년 4월 30일 박소진 씀.

---

73)  은하철도 999는 마츠모토 레이지가 창작한 만화 또는 이를 원작으로 하는 레이지버스 애니메이션이다. 만화는 1977년부터 1979년까지 소년화보사의 소년 만화 잡지 소년 킹에 연재되었다. 애니메이션은 후지 TV를 통해 1978년 9월 14일부터 1981년 4월 9일까지 2년 6개월에 걸쳐 요약편을 포함하여 모두 113화가 방영되었다. 1979년과 1981년에는 린 타로가 감독한 극장판이 제작, 상영되었다(출처: 위키백과).

참고 문헌

- 권수영(2016), 한국인의 관계 심리학, 살림.
- 권정혜 외 공역(2014), 임상심리학, 센게이지러닝.
- 김미경(2002), 로저스의 인간중심 상담에서 '진실성'의 의미, 연세대학교대학원 교육학과 석사학위논문.
- 김애순(2009), 청년기 갈등과 자기 이해, 시그마프레스.
- 김영환(1993), 임상심리학의 원론, 하나의학사.
- 김창대 역(2006), 상담 및 심리치료의 기본 기법. 학지사.
- 김채순(2012), 수용전념 및 인지행동 심리치료 프로그램이 청소년의 우울증, 심리적 수용 및 자기 통제에 미치는 영향, 창원대학교 교육학과 박사학위논문.
- 박소진(2017), 인지행동치료의 모든 것, 학지사.
- 신장근 역(2015), 신화를 찾는 인간, 문예출판사.
- 안명희·신지영 공역(2016), 정신분석과 정신분석적 심리치료, 박영스토리.

- 이용승 역(2012), 상담과 심리치료 주요인물 시리즈 지그문트 프로이트, 학지사.
- 이승호 역(2014), 진화심리학, 웅진 지식하우스.
- 이장호 외(2013), 상담심리가이드북, 북스힐.
- 이장호 · 이동귀(2017), 상담심리학, 박영스토리.
- 임진수 역(2005), 정신분석 사전, 열린책들.
- 장플라슈 외(2005), 정신분석 사전, 열린책들.
- 정현희, 김미리혜 공역(2018), 아동과 청소년을 위한 인지치료, 시그마프레스.
- 천성문 외 역(2015), 심리치료와 상담이론 개념 및 사례, 센게이 지러닝.
- 최영희 · 이정흠 공역(1997), 인지치료(Cognitive Therapy)이론과 실제, 학지사.
- 황순태 외 공역(2016), 임상심리학의 이해, 학지사.
- 홍경자(2013), 상담의 과정, 학지사.
- 홍숙기(2016), 성격, 박영스토리.
- Marjorie E. Weishaar, 권석만 역(2010), 인지치료의 창시자 아론 벡, 학지사.
- Rogers(1966), Client−centered therapy; In Arieti, S.(1989), American handbook of psychiatry, NY: Basic Books, Inc., pp. 183~200.

저자약력

박소진

심리학 박사(수료), 현재 한국인지행동심리학회(협) 대표다. 지은 책으로 ≪비극은 그의 혀끝에서 시작됐다≫(공저), ≪영화 속 심리학 1, 2≫, ≪처음 시작하는 심리검사와 심리평가≫, ≪당신이 알아야 할 인지행동치료의 모든 것－행복해지기 위한 기술≫, ≪영화로 시작하는 상담심리≫(출간예정) 등이 있다.
www.kicb.kr/ kicbt@naver.com

영화로 이해하는 심리상담

초판발행	2018년 8월 31일
지은이	박소진
펴낸이	안상준
편 집	김민주
기획/마케팅	노현
표지디자인	권효진
제 작	우인도 · 고철민
펴낸곳	㈜ 피와이메이트
	서울특별시 마포구 월드컵북로 400, 5층 2호(상암동, 문화 콘텐츠센터)
	등록 2014. 2. 12. 제2015-000165호
전 화	02)733-6771
f a x	02)736-4818
e-mail	pys@pybook.co.kr
homepage	www.pybook.co.kr
I S B N	979-11-89005-20-7 93180

copyright©박소진, 2018, Printed in Korea

정 가   12,000원

박영스토리는 박영사와 함께하는 브랜드입니다.